Misterios de la historia

LAS SOCIEDADES SECRETAS

Misterios de la historia

LAS SOCIEDADES SECRETAS

Mónica Quirón

Copyright © EDIMAT LIBROS, S. A.
C/ Primavera, 35
Polígono Industrial El Malvar
28500 Arganda del Rey
MADRID-ESPAÑA
www.edimat.es

ISBN: 978-84-9764-869-1
Depósito legal: CO-740-2007

Colección: Misterios de la historia
Título: Las sociedades secretas
Autor: Mónica Quirón
Diseño de cubierta: Juan Manuel Domínguez
Impreso en: Taller de Libros, S.A.

IMPRESO EN ESPAÑA – *PRINTED IN SPAIN*

INTRODUCCIÓN

Ríos de tinta se han derramado sobre el tema de las sociedades secretas sin que todavía haya quedado claro qué son, de dónde surgen y cuál es su finalidad. Este libro pretende abordar esta cuestión desde el estudio riguroso de las sociedades más importantes que se han dado a través de los tiempos.

El concepto «sociedad secreta» ha fascinado al hombre desde siempre. Por una parte, al ser secretas, se supone que su estudio es casi imposible. Aquí entra en juego la imaginación. Muchos fabulan a partir de este término y llega un momento en que resulta verdaderamente difícil distinguir qué hay de realidad y qué de imaginación.

Algunos les presuponen más poder del que realmente tienen. Las sociedades secretas, en estos casos, se nos presentan como auténticos gobiernos en la sombra que son capaces de mover los hilos del poder. Sin embargo, y aunque haya algunas que verdaderamente sigan esta estructura, se ha de señalar que no todas las sociedades secretas han alcanzado este grado de control sobre la política y la economía.

En el polo opuesto están los que consideran a las sociedades secretas como sectas con macabros rituales sangrientos. No vamos a negar que ha habido algunas que han desempeñado ese rol, pero no todas pueden incluirse dentro de estos parámetros.

Por último, los amantes de las teorías conspiratorias creen que las sociedades secretas tienen la culpa de casi todos los enigmas que no se han podido explicar. Sin embargo, aunque algunas operen ocultas con la intención de desestabilizar gobiernos, también sería erróneo englobarlas a todas en el mismo grupo.

Las sociedades secretas tienen un variado abanico de razones por las que se ocultan y sus objetivos son diferentes en cada caso. Por eso, un análisis serio de la cuestión no nos permite caer en generalidades. Las sociedades secretas, en muchos casos, han sido perseguidas por los gobiernos y esa clandestinidad las ha cubierto de un aire enigmático que dificulta considerablemente su estudio.

Este libro tiene como objetivo explicar las razones principales por las que se constituyen este tipo de sociedades a la vez que se ofrece un índice de las principales.

Ésta es la única forma de no caer en las generalidades que nos conducirían a tópicos erróneos.

Capítulo primero
LAS SOCIEDADES SECRETAS

Las sociedades secretas atraen la atención de los estudiosos desde tiempos inmemoriales. Su carácter «secreto» dificulta considerablemente su estudio y mucho más la posibilidad de trazar su historia. Si en la actualidad hay problemas para investigar estas sociedades, las dificultades se multiplican por mil cuando se vuelven los ojos hacia el pasado.

Muchos estudiosos aseguran que la primera sociedad secreta sería la del fuego o la de Prometeo. Los primeros primitivos que aprendieron cómo hacer fuego, guardaron celosamente ese secreto y tan sólo lo trasmitieron a los que estaban más preparados de su clan. Sin embargo, ése sería el «embrión» de las sociedades secretas, puesto que con el tiempo adquirieron unos rituales y un grado de sofisticación que difícilmente podríamos encontrar en nuestros antepasados primitivos.

De todos modos, ahí encontramos uno de los pilares de las sociedades secretas: el afán por proteger un conocimiento que los demás ignoran y sólo compartirlo con los que pertenecen a un mismo grupo. Ésa es una de las bases de la sociedad secreta, pero como se verá a lo largo de este capítulo, no es la única.

Por ello, la mayoría de los estudiosos de las sociedades secretas apuntan que no se puede hablar de éstas hasta que verdaderamente existe un tejido social que permite que un número concreto de personas se agrupe al margen de la sociedad establecida. En este sentido, empezaríamos a hablar con propiedad de las «sociedades secretas» a partir de la creación de las primeras civilizaciones conocidas.

Casi todas las sociedades secretas con cierta historia reivindican sus orígenes en las antiguas civilizaciones, sin embargo, es difícil saber si estas afirmaciones son ciertas. Para ello, la mayoría de los especialistas creen que debería haber una continuidad en el rito. Y, evidentemente, es muy difícil rastrear si hubo interrupciones en el tiempo o no. Si todavía tenemos dudas sobre lo que ocurrió realmente en tiempos pretéritos, saber lo que se ocultaba en aquel entonces resulta doblemente difícil de averiguar.

Muchos son los que intentan dilucidar qué hay de cierto y de falso en estas afirmaciones. El oscurantismo de la Edad Media provocó que se perdiera buena parte de esta información. No fue hasta finales del siglo XVII y principios del XVIII que se acuñó el concepto de «sociedad secreta» tal y como lo conocemos en la actualidad.

Desde ese momento, este término provoca miedo y fascinación al mismo tiempo. Por una parte, las sociedades secretas son temidas. Se les atribuye gran poder. Además, tienen la semilla de la desconfianza. Cualquier conocido nuestro puede ser miembro de una de estas sociedades y por tanto nos puede estar engañando. Asimismo, este carácter secreto crea animadversión. ¿Por qué se ocultan? ¿Qué están tramando? Estos son sentimientos inherentes al ser humano que se despiertan ante cualquier secreto. Por lo tanto, si una sociedad está basada en la ocultación de información, es lógico que genere estas sensaciones en el resto del grupo.

Por ello, buena parte de estas sociedades han sido demonizadas e incluso perseguidas. En algunos casos, esta actitud puede estar justificada, pero como se verá en este libro, en muchos casos no había ninguna razón para la desconfianza.

Por otra parte, las sociedades secretas también aguijonean otros sentimientos muy enraizados en nuestro comportamiento social. El individuo, sobre todo a partir del siglo XVIII, se define como miembro de un grupo. La existencia de asociaciones que por cualquier razón le excluyen, son inmediatamente rechazadas. Admitir su existencia equivale a ratificar que el individuo ha sido expulsado de un grupo que no permite su adhesión y ese rechazo crea resentimiento.

Diferencia entre secta y sociedad secreta

En muchos casos, ambos términos se han empleado como sinónimos. No es cierto que lo sean, aunque se ha de admitir que algunas sociedades secretas se han convertido en sectas. Además, el término «secta» en la actualidad posee una carga peyorativa. Por ello, en algunos casos cuando se pretende atacar a las sociedades secretas se las tilda de «secta». Y viceversa. Hay sectas que para rehuir este término se hacen llamar a sí mismas «sociedades secretas».

Todo ello ha creado gran confusión. Es cierto que existen casos en que ambos términos pueden aplicarse a un mismo grupo, pero como se verá a lo largo de este capítulo, son los mínimos. El empleo de estas dos palabras como sinónimos sirve para evitar las repeticiones gramaticales, pero también tiene una carga ideológica.

Una secta, por definición, es un grupo con una ideología religiosa. Algunas sociedades secretas están basadas en la religión, pero no es el caso de otras. Muchas almacenan filosofías que no tienen nada que ver con la creencia en algún dios.

Las sectas, habitualmente, son una rama escindida de una religión principal. Las sociedades secretas, en cambio, no tienen por qué derivar de un credo. En este sentido, es importante entender la acepción «sectario» como «minoritario». Normalmente, las sectas aparecen como un culto de unos pocos. Si alcanzan el consenso de la mayoría, dejan de ser secta.

Para comprender este proceso, podríamos fijarnos, por ejemplo, en la religión cristiana. Los primeros seguidores de Jesucristo se escondían en las catacumbas, tenían rituales secretos y en muchos casos ocultaban su fe. Siguiendo estos parámetros, en la época de los romanos se los podría haber considerado tanto una secta como una sociedad secreta. Sin embargo, cuando sus seguidores se cuentan entre miles y sus rituales están al alcance de todos, pasa a ser una religión.

El ejemplo cristiano se podría aplicar al principio de buena parte de las grandes religiones de la actualidad. Este proceso demuestra lo difícil que es acotar el término «secta» y «sociedad secreta», sobre todo cuando nos referimos a los principios de estas asociaciones.

Por otra parte, las sectas no tienen por qué ser siempre secretas. Es verdad que ciertos cultos se ocultan y forman grupos al margen de la sociedad. Suelen ser los que presentan prácticas que podrían ser perseguidas o condenadas. Sin embargo, una secta, por definición, quiere conseguir el mayor número de adeptos posibles, por lo que normalmente no se ocultan como lo hacen las sociedades secretas.

Tomemos, por ejemplo, el caso de los Testigos de Jehová, que está considerada una secta por muchos estudiosos del tema. Los Testigos de Jehová no tienen nada que ver con una sociedad secreta. Quieren captar al mayor número de seguidores posibles y no imponen criterios de selección para sus miembros. Tampoco esconden sus reuniones, tienen locales a los que cualquiera puede acudir y que están perfectamente identificados.

Por otra parte, sectas y sociedades secretas también tienen puntos en común que las hacen semejantes y son campo abonado para la confusión de los términos. Habitualmente (no en todos los casos, pero sí en la mayoría de ellos) tienen una estructura jerárquica muy marcada. En algunos casos, las sectas presentan una jerarquía personalista, marcada más por el carácter del líder que por el cargo que desempeña o por la evolución que le ha llevado a desempeñar este rol. Nos referimos a las sectas más peligrosas, en las que un líder impone arbitrariamente su visión al grupo. De todos modos, éste es sólo uno de los casos que se da en las sectas y en muchas ocasiones el poder lo ejerce la persona más cualificada, como suele ocurrir en la mayoría de las sociedades secretas.

Por otra parte, y siguiendo con los puntos en común, la base de las sectas y de las sociedades secretas suele ser, en muchas ocasiones, la misma. Ambas asociaciones suelen negar la realidad que ofrece la sociedad: ya sea desde el punto de vista religioso, político, económico o científico. La base de ambas agrupaciones es que la sociedad engaña y que ellos poseen una verdad que sólo se comparte con los que forman parte de ese grupo concreto.

Evidentemente, el enfoque varía mucho dependiendo de si nos encontramos ante una secta o una sociedad secreta, pero el principio es el mismo. En cierta forma, los que pertenecen a cualquiera de estos grupos se sienten «elegidos», que saben algo que el resto de la sociedad ignora. Les une el sentimiento de estar «en posesión de la verdad».

Una vez explicadas las principales diferencias entre secta y sociedad secreta se ha de reconocer que la frontera muchas veces es verdaderamente difícil de delimitar. Como veremos a lo largo de este libro, existen algunos casos en que se pueden aplicar ambas definiciones a un mismo grupo. Sin embargo, suelen ser excepciones y ello no significa que siempre sea así.

¿Por qué tanto secreto?

La pregunta es obvia, pero no por ello de vital importancia: ¿por qué las sociedades secretas son secretas? Ésta cuestión es la que más ha interesado a los estudiosos de este tema. ¿Qué provoca que un grupo de personas esconda su ideología del resto de la sociedad?

Existen varios casos que justifican que un grupo de personas se escondan para compartir una serie de conocimientos o creencias. El primero es quizá el que cae por su propio peso: su actividad está prohibida y perseguida por la justicia. Dependiendo de cada país y de cada época, las leyes del momento pueden dictar la necesidad de esconderse. Actualmente, las sociedades secretas que se ocultan suelen despertar cierta desconfianza. Realmente, si la ley de un país democrático prohíbe ciertas conductas, casi nadie duda que son delictivas.

Sin embargo, en muchos casos se trataba de leyes antiguas que quedaron obsoletas. Éste fue el principio de la sociedad secreta y aunque en la actualidad sus acciones no serían perseguidas por la justicia, el grupo se sigue ocultando porque siempre lo ha hecho así.

De hecho, seguramente el cambio de las leyes ha hecho que en la actualidad se sepa mucho más que antiguamente sobre las sociedades secretas. Siguen manteniendo su estructura, como herencia del pasado, pero no mantienen un secretismo tan hermético como el que tuvieron en otros tiempos.

Las leyes de otros tiempos eran verdaderamente arbitrarias y en muchas ocasiones atacaban cualquier conocimiento que no hubiera sido reconocido por la Iglesia Católica. Por citar un ejemplo, Galileo tuvo que negar que la Tierra girara alrededor del Sol. Si el gran astrónomo hubiera querido montar una sociedad para difundir sus teorías, ésta tendría que ser, forzosamente secreta.

Por lo tanto, las injustas leyes de otras épocas provocaron que buena parte de estas agrupaciones tuvieran un carácter secreto para que sus conocimientos no fueran destruidos y sus miembros no padecieran la persecución de la justicia.

Sin embargo, en la actualidad también podrían darse casos en los que la ley tuviera razón al condenar las actividades de las sociedades secretas. Por ejemplo, el Ku Klux Klan nació como una sociedad secreta. Sus ideas racistas les llevaban a cometer crímenes contra individuos de la raza negra. De esta forma, las actividades de la sociedad secreta atentaban claramente contra la ley y contra los derechos de otro grupo. En este caso, se entiende perfectamente que la sociedad secreta fuera condenada y perseguida por las autoridades.

Existe otra razón que nada tiene que ver con las leyes del momento y que también explicaría el carácter secreto de estas sociedades. El grupo considera que tiene un conocimiento de gran valor, que incluso puede ser peligroso si no es empleado adecuadamente. Por ello se constituye la sociedad secreta, que tiene como función conservar este conocimiento y hacerlo llegar exclusivamente a una elite preparada para hacer un buen uso y trasmitirlo a través de las generaciones.

Éste sería, por ejemplo, el caso de la masonería y la arquitectura. El concepto que solemos tener de sociedad secreta es el de unos individuos extremadamente inteligentes que se reúnen para compartir su sabiduría. El secretismo se debe a que no quieren que sus enemigos o que personas poco cualificadas hagan mal uso de esos conocimientos.

Por último, existen sociedades secretas que se ocultan por las dos causas antes descritas: temen ser perseguidos y no quieren que sus conocimientos caigan en manos de desaprensivos. En la actualidad, los estudiosos de las sociedades secretas creen que la mayoría se oculta por ambas razones.

Por ejemplo, tras el descubrimiento de América, los evangelizadores acabaron con cualquier vestigio de la cultura autóctona. Se sabe que entonces, algunos sacerdotes incas, mayas o aztecas intentaron esconder sus libros sagrados, para que no fueran destruidos.

Por una parte su actividad estaba perseguida por la ley de aquella época, que prohibía cualquier culto que no fuera el católico. Por otra, pretendían trasmitir conocimientos (sobre todo los astrológicos y astronómicos) que sólo ellos conocían. Por ello, se reunían a escondidas para transmitir su credo de creencias así como los descubrimientos científicos que habían logrado.

De esa forma se intentaba proteger su identidad cultural y también se evitaba el castigo que imponía la ley. Sin embargo, no todos estaban preparados para esa misión. Normalmente a estas reuniones sólo podían acudir los sacerdotes o los miembros más preparados. Así se garantizaba que los convocados realmente entendieran lo que se explicaba y de esa forma pudieran conservarlo. Estas sociedades acabaron diluyéndose en su mayoría, pero si hubieran llegado hasta nuestros días, las agruparíamos en el concepto «sociedad secreta».

Todo ello configura un panorama poco dado a las disidencias. Si un miembro de la sociedad secreta decidía por cualquier razón abandonarla, poseía un conocimiento que podía ser peligroso si se empleaba fuera de asociación. Por otra parte, también podía poner sobre aviso a las fuerzas del orden y hacer peligrar a todos los miembros. Por ello, en la mayoría de los casos, cuando se entra en una sociedad secreta está terminantemente prohibido abandonarla.

Por ello, en muchas ocasiones, los miembros, en los rituales, van cubiertos con capuchas o con ropa que impida que sean reconocidos. Así el grupo se protege de cualquier infiltrado o posible traidor. Cuanta menos información tenga el miembro de sus compañeros, menor será el daño que puede hacer en caso de darse de baja de la organización.

Cada sociedad secreta tiene sus propios métodos para combatir «la traición» de sus adeptos. En algunos casos se puede llegar al asesinato. En otros, si se trata de un grupo que ejerce cierta influencia, se puede apartar al disidente de cualquier área de poder. Así, se han visto casos de personas que al dejar una sociedad secreta han perdido su trabajo o se han aireado escándalos personales que les han llevado al fracaso profesional e incluso personal.

Este vínculo de por vida con la sociedad secreta es el que más temor despierta cuando se estudian estas organizaciones. Una sociedad secreta no se puede abandonar tras un tiempo de permanecer en ella. Crea un vínculo que dura toda la vida y que en algunos casos también implica a la familia del miembro. Sin embargo, aunque es cierto que en muchos casos el castigo puede ser terrible, también es cierto que este punto se ha exagerado en exceso y en la actualidad no es una práctica tan corriente como lo fue en épocas pasadas.

Rituales comunes

Cada sociedad secreta suele tener un amplio repertorio de celebraciones y rituales que sus miembros deben conocer. Aparte de las características concretas de cada una, hay una serie de puntos que son comunes a todas. Nos referimos principalmente a tres: juramento de entrada, fraternidad entre los miembros y obediencia a la jerarquía.

El juramento de entrada es básico para que el nuevo miembro acceda al grupo. Como se ha explicado, este juramento es vinculante de por vida, por lo que es habitual que antes de llevarlo a cabo, el futuro miembro de la sociedad tenga que asistir a algún tipo de «cursillos».

Se trata de un período de aprendizaje en el que se evalúa si la persona será útil para la sociedad secreta. Por otra parte, el individuo también puede decidir si verdaderamente le interesa formar parte de ese grupo. En la mayoría de las sociedades secretas no ocurre nada si en el último momento el futuro miembro no da el paso. Sin embargo, también hay otras en las que puede llegar a tener la misma pena que si se escapa una vez ha hecho el juramento.

En este período de «entrenamiento» se guarda un gran secretismo. No se revelan los secretos de la sociedad y tampoco se le permite conocer a ninguno de los miembros que la integran. De esta forma, si finalmente no se decide, no se ha puesto en peligro la integridad de la sociedad. Tampoco suele asistir a los locales en los que se desarrolla la actividad principal de la sociedad, para que no pueda revelar su paradero.

A diferencia de las sectas, la mayoría de las sociedades secretas no quieren atraer a un gran número de adeptos. Prefieren la calidad a la cantidad. Por ello, antes de que pase a formar parte oficialmente de la sociedad, suelen hablarle más de las obligaciones que adquirirá con el grupo que de los beneficios que le reportará formar parte del mismo. De esta forma se desanima a los curiosos y se apuesta por una rigurosa selección.

El juramento varía dependiendo de cada asociación. Suele tener un ritual concreto. Se trata de una ceremonia estructurada con una serie de promesas que el «iniciado» debe memorizar. En muchos casos, la entrada no es inmediata. La jerarquía puede reservarse el derecho a aceptar o rechazar al nuevo miembro.

La otra característica común en la mayoría de las sociedades secretas es que los miembros establecen un vínculo entre ellos. Puede ser que no se conozcan, pero si un representante les pide que ayuden a tal o cual persona, lo deben hacer sin preguntar. La sociedad secreta es una especie de familia que favorece a sus miembros. Las que ostentan un auténtico poder en la sombra quieren que sus miembros estén lo más arriba posible de la estructura social. De esa forma, pueden controlar sin problemas los hilos del poder.

Con esta fraternidad se crea una especie de deuda. Los miembros consiguen ascender rápidamente en la escala social, pero saben que ese privilegio tiene un precio y han de estar siempre a disposición de los dictados de la sociedad secreta. En este punto, suelen ser bastante inflexibles. Ni la familia ni las consideraciones éticas ni cualquier otra excusa pueden interponerse en la voluntad de la sociedad secreta. El vínculo que se crea entre sus miembros está por encima de cualquier otra consideración.

Éste es el poder de las sociedades secretas. Sus miembros se sienten acunados por sus compañeros. Saben que mientras pertenezcan a la organización forman parte de un grupo que los ayudará en todo momento. Y ellos tienen la obligación de hacer lo mismo con los demás. De esta forma se crea un sentimiento de fraternidad, de «todos estamos en el mismo barco», que resulta muy agradable para los miembros de una sociedad secreta.

No es necesario que tengan nada en común ni que sean familia, pertenecer a la sociedad secreta hace que sean aceptados y ayudados por todos lo componentes de la misma.

Por último, como rasgo en común de todas las sociedades secretas, encontramos la imposibilidad de cuestionar el poder. Las normas de las sociedades secretas no se pueden poner nunca en tela de juicio. Las órdenes de los superiores tampoco se pueden cuestionar. El miembro de la sociedad secreta asume su rol y no puede cambiar el orden establecido por la misma.

Para entender mejor este punto, será necesario pasar al siguiente apartado, en el que se analizará la estructura de poder que rige a la mayoría de las sociedades secretas.

La jerarquía

Las sociedades secretas se caracterizan por tener una férrea jerarquía. De hecho, siguen la estructura de cualquier organización, desde la Iglesia al Gobierno pasando por el Ejército. En cualquiera de estos casos es imprescindible una disciplina para el buen funcionamiento del organismo. En las sociedades secretas ocurre exactamente lo mismo.

En cada caso, los nombres y los cargos cambian, pero para que nos hagamos una idea escogeremos términos genéricos y explicaremos su función.

Cuando un miembro se incorpora a la sociedad es un neófito. No tiene ningún derecho y en cambio sí que tiene muchas obligaciones. Es el último escalón de la estructura y por tanto tiene que seguir los dictados de sus superiores. En esta época, le suelen ser revelados, poco a poco, algunos de los secretos de la sociedad. Tiene que aprenderlos para poder progresar en el seno de la organización.

El siguiente paso es el de «iniciado». Dependiendo de la organización, este salto de neófito a iniciado se producirá por el paso del tiempo o porque haya alcanzado una serie de metas marcadas previamente por la organización. De todos modos, será la jerarquía la que tenga la última palabra y decida el ascenso.

Los iniciados tienen más derechos que los neófitos y acceden a parcelas de conocimiento que a éstos les son negadas. Forman parte de forma más activa de la asociación, por lo que sus opiniones son más valoradas y también consiguen más privilegios. Tienen más autonomía, pero de todas formas siguen estando bajo la jerarquía.

La mayoría de los iniciados sueña con llegar a ser «maestro». El maestro es el líder de la sociedad secreta y su poder es absoluto e incuestionable. Para acceder a este cargo son necesarios muchos años de estudio, así como muestras de fidelidad absolutas hacia la sociedad.

En muchos casos, existe un rango intermedio que es el maestro y otro más importante que es «el maestro de maestros».

En cierta forma, si nos fijamos en esta estructura, nos daremos cuenta de que es la misma de los gremios de la Edad Media. Aprendiz, encargado y maestro. De hecho, se cree que esta estructura se creó basándose en la que tenía la sociedad secreta masona.

En los casos en que los miembros no se pueden conocer entre sí, cada grupo tiene un «jefe» del que recibe órdenes. Este jefe, a su vez, tiene otro, pero no conoce al resto de grupos sobre los que mandan sus homólogos. Esta es una estructura celular clásica, que suele utilizarse en todos los grupos secretos o prohibidos. De esta forma se garantiza que nadie puede delatar a todos los miembros que forman esa sociedad.

La obediencia a los superiores es incuestionable en las sociedades secretas. El argumento principal es que los miembros van adquiriendo conocimientos a medida que progresan en la sociedad. Por lo tanto, no pueden cuestionar a un superior que posee una serie de información de la que ellos carecen.

Los privilegios y las obligaciones de los maestros cambien dependiendo de cada sociedad secreta. En algunos casos, tienen que ser una especie de «sacerdotes» entregados en cuerpo y alma al estudio. En raros casos se impide que tengan familia, pues se considera que su actividad principal tiene que ser velar por la sociedad secreta.

El maestro también puede premiar y castigar a los miembros como haría un profesor en una escuela. Puede promocionar a alguien e imponer sanciones a otro miembro cuya conducta no sea de su agrado. Nadie puede cuestionar estas decisiones y el resto de miembros tiene que cumplir a rajatabla su palabra.

En ocasiones, ocurre lo opuesto. El maestro es el miembro más influyente de la sociedad que por tanto tiene más posibilidades de promocionar a los miembros de la entidad o de conseguir que sus doctrinas se cumplan y sus objetivos se alcancen.

Los maestros suelen ser personas muy cualificadas, a diferencia de los líderes de las sectas, que deben tener gran carisma aunque sus conocimientos sean escasos. En muchos casos, como no se conoce la identidad del maestro no tiene por qué ser una persona especialmente carismática.

La rotación de poder cambia dependiendo de cada sociedad secreta. En algunos casos tienen unos años en concreto para ejercer ese cargo y luego serán sustituidos. En esos casos, el que fue maestro suele pasar a formar parte de un consejo de asesores o de sabios.

También puede ser que el cargo sea vitalicio. El maestro, cuando ve cercana su hora, tendrá que designar a un sucesor. En estos casos, seguirá ostentando el poder hasta su muerte o hasta que sus facultades le impidan llevarlo a cabo.

Normalmente, la decisión de quién será el sucesor no depende únicamente de su criterio. Él tiene la última palabra, pero los candidatos suelen ser presentados por sus subalternos y son discutidos en varias reuniones de la elite.

Las sociedades secretas derivadas

Cuestionar cualquier principio de la sociedad secreta está prohibido, pero ello no significa que no se puedan ampliar los conocimientos de la misma. Por ejemplo, una sociedad secreta puede estar basada, pongamos, en la filosofía. En este punto, ningún miembro puede poner en tela de juicio ninguno de sus principios. Sin embargo, puede ser que un maestro o un grupo tengan otro interés, por ejemplo, el esoterismo. En este caso pueden crear una especie de comisión que estudie el tema.

De esta forma, se crea una especie de sociedad secreta «hija». Se sigue la misma estructura jerárquica que la organización «madre». Las reglas son las mismas y los principios de los que parten para abordar el tema también. Pero el objeto de estudio es diferente.

Con el tiempo, se crea una sociedad secreta nueva, que viene a ser una filial de la principal. Los miembros de la nueva sociedad siguen perteneciendo a la original. Y los de la original que lo deseen también pueden formar parte de la derivada.

Ésta es la forma de crecimiento que tienen las sociedades secretas. Si crecieran en número de adeptos, a la larga perderían su carácter secreto. En cambio, de esta forma se consigue que los principios de la sociedad se extiendan a otras áreas y sigan manteniendo su estructura de poder.

Normalmente, estas organizaciones derivadas suelen crearse cuando la sociedad secreta empieza a expandirse por un país que no es en el que se creó. Por ejemplo, los estudiosos de las sociedades secretas creen que la masonería dio lugar a los Anglia en Inglaterra y a Estricta Obediencia Templaria en Alemania. También se considera que dio origen a la sociedad secreta de los rosacruces.

De esta forma, las disidencias se canalizan de forma que amplían la familia de la sociedad secreta en vez de crear escisiones. Una sociedad secreta no admite que haya pequeños grupos en contra de sus teorías, pero sí permite que éstas se traspasen a otros campos de conocimiento.

Sociedades del siglo XXI

Se ha de tener en cuenta que las sociedades secretas han cambiado mucho en los últimos años. Los medios de comunicación y en especial Internet han popularizado este concepto y le han quitado buena parte del misterio que les rodeaba. Por ello el carácter «secreto» que las define corre peligro.

Ahora se presentan muchas páginas *web* de sociedades secretas que invitan a los internautas a militar en sus filas. Sin embargo, estas prácticas, evidentemente, están destinadas a acabar con el modelo de sociedad secreta. Si cualquiera puede acceder por Internet a este tipo de información, ¿dónde queda el secreto? ¿Qué lugar ocuparán estas asociaciones en el nuevo orden social?

Los analistas del tema creen que las sociedades antes secretas cada vez ofrecerán más información sobre sus actividades. Serán, según apuntan los entendidos, las sociedades clásicas, que tras años de hermetismo, poco a poco irán abriendo sus puertas. Éstas son las que tienen la peor imagen y por tanto, de esta forma, conseguirán limpiar su reputación a la vez que se renuevan con los tiempos que corren.

Sin embargo, se cree que seguirán manteniendo una estructura jerárquica a la que no se podrá acceder desde este estrato más popular. Una parte de la sociedad secreta se popularizará, pero otra seguirá en la sombra. De esta forma, muchos pensarán que no hay nada más que lo que se puede ver y así, con la coartada populista, podrán mantener aún con mayor celo el antiguo secretismo.

De hecho, y siguiendo la jerarquía que antes se ha explicado, se cree que a la larga se creará una nueva categoría, entre el neófito y el iniciado, que será algo así como la de «simpatizante».

En este caso, Internet podrá ser un buen instrumento. De hecho ya son muchas las antiguas sociedades secretas que permiten que se estudien sus principios vía internet y que incluso ofrecen un examen *on-line* a sus futuros miembros. Todo esto cambia radicalmente el panorama que se había dibujado hasta el momento.

Este cambio, de alguna forma, está revolucionando la estructura de la sociedad secreta. Sin embargo, también les está proporcionando los ingresos adicionales que procura una buena difusión. Los nuevos socios contribuyen con sus inscripciones a mantener viva la sociedad secreta.

Muchos creen que las sociedades secretas clásicas han caído en una crisis. El avance de las investigaciones científicas ha provocado que esos secretos tan bien guardados puedan estar al alcance de cualquiera. Por ello, una parte de las sociedades ha seguido guardando la estructura secretista para proteger a la cúpula directiva. Y otra parte ha decidido popularizarse para conseguir una renovación de su imagen.

En contrapartida, se cree que se irán creando otras sociedades secretas que abordarán otros temas de los tiempos actuales. Asimismo, aquéllas que tienen como finalidad controlar el poder y las decisiones políticas, seguirán siempre al margen de la mayoría.

La popularización de algunas de las sociedades secretas tiene una doble lectura. Muchos son los que piensan que estas estructuras están obsoletas y que no tienen sentido en la sociedad actual. Por ello, dejarán su secretismo y serán una alternativa más para aquellos que busquen pertenecer a un grupo que comparte unas ideas concretas.

Otros, en cambio, consideran que todo este no es más que una cortina de humo. Por una parte, las sociedades que han seguido este camino pueden mantener una parte de su estructura en secreto sin que nadie sospeche de sus actividades. Por otra, hay quien piensa que las que han revelado sus secretos están a punto de morir, pero que han permitido que se creen otras en las que nadie se fijará. Éstas serán las verdaderas sociedades secretas del siglo XXI, que se crearán sin partir de las antiguas y que aglutinarán igual o más poder que sus predecesoras.

Todo esto está por ver. Nadie sabe qué ocurrirá exactamente con las sociedades secretas y cómo se adaptarán. Sin embargo, la mayoría de los estudiosos de la materia considera que si han durado siglos, difícilmente acabarán con este nuevo milenio. Tal vez cambiarán, pero la mayoría les augura una larga vida.

Como se verá a lo largo de este capítulo, hay varias sociedades secretas que se han creado recientemente como clubes privados que albergan a las clases más influyentes de un país y a sus descendientes. Estas asociaciones parecen alcanzar cada vez mayor importancia a la hora de tomar importantes decisiones políticas. Por ello, es posible que la cantidad de sociedades realmente secretas se reduzca, pero su poder sea mucho más importante del que en otros tiempos llegaron a tener.

Sin embargo, todo esto son suposiciones y en estos momentos no se puede vaticinar un camino claro para el futuro de las sociedades secretas.

Modo de admisión

Como se ha visto en el anterior apartado, los modos de admisión de las sociedades secretas han cambiado mucho últimamente. Sin embargo, a la hora de estudiar cómo se admite a un nuevo miembro, nos fijaremos en el planteamiento clásico. Es cierto que ahora se pueden captar seguidores por Internet, pero los especialistas siguen creyendo que los métodos de selección de las verdaderas sociedades secretas siguen siendo mucho más selectivos.

De hecho, cada sociedad tiene su método específico, pero a grandes rasgos se emplea una metodología común. El futuro miembro no contacta con la sociedad si no que es ésta la que lo busca. De esta forma, nunca se pierde el carácter secreto.

Muchas personas que quieren formar parte de una sociedad secreta intentan llamar la atención para que les vean como posibles miembros. Para ello, dejan caer comentarios afines a la filosofía de la sociedad secreta. Antiguamente, había círculos (que podían ser desde cafés hasta tertulias) donde los aspirantes decían comentarios sobre política, religión, economía o simplemente sobre la visión del mundo que podían ser similares a los de la sociedad secreta.

A partir de ese momento, se estudiaba al candidato para saber si cumplía con los requisitos que la sociedad exigía. La red de adeptos se infiltraba en el círculo del futuro miembro y estudiaba su trayectoria. Después hacía informes que pasaban a las esferas superiores.

Con estos informes, la jerarquía de la sociedad efectuaba un estudio en el que decidía si estaban interesados o no por el futuro seguidor de sus ideas. En caso de que la decisión fuera positiva, algún amigo le planteaba la posibilidad. Se le brindaba muy poca información, por si finalmente rechazaba la propuesta.

Si parecía favorable al ingreso, esa persona que había iniciado el primer contacto, empezaba a informarle y, en algunos casos, llegaba a conocer a otros miembros de la sociedad. A partir de este momento, se le consideraba neófito y se le exigían muestras de fidelidad a la sociedad secreta. Después, se le encargaba que estudiara sobre algunos temas. Si todo este proceso era satisfactorio, se preparaba su ingreso en la sociedad secreta, con el juramento antes descrito.

En muchos casos, antes de ser considerado «iniciado» tenía que superar varias pruebas. Si no las pasaba, la sociedad secreta perdía el interés por él y nunca más se volvía a poner en contacto con aquella persona.

Tipos de sociedades secretas

A lo largo de la historia de la humanidad ha habido sociedades secretas de todo tipo. Sin embargo, los estudiosos de la materia consideran que hay tres grandes familias en las que se podrían agrupar casi todas ellas. Algunas son más difíciles de etiquetar, pero de todos modos ésta es la única clasificación con la que contamos y resulta bastante útil para analizar el tema que nos concierne. A continuación, definiremos estos tres grandes grupos.

En busca de la purificación

Estas sociedades secretas quieren que sus iniciados mejoren. La idea básica es que hay un modelo de perfección al que se debe acceder. Puede ser porque se considere que los hombres están hechos a imagen de Dios y que tienen que tender a parecerse lo más posible a ese modelo. También pueden tomar como ejemplo una imagen humana de perfección a la que cualquiera tendría que intentar parecerse.

Estas sociedades buscan la paz y la fraternidad entre los pueblos. No admiten nacionalismos de ningún tipo. El hombre, sea de donde sea, debe alcanzar el ideal que se ha marcado. Y ello se consigue a través de una fraternidad que empieza en la sociedad secreta pero que debería llegar a todas las esferas sociales.

Estas organizaciones también son llamadas «sociedades de fraternidad», porque se considera de vital importancia la colaboración entre los miembros. Su ideal se basa en que los hombres se deben ayudar a mejorar los unos a los otros.

Estas sociedades son bastante maniqueístas y trazan una frontera muy clara entre los valores que hacen evolucionar al hombre y lo que lo envilece. De esta forma, suelen criticar el materialismo, que no tiene fines constructivos. Según la mayoría de estas organizaciones,

Dios creó el amor y Satanás el materialismo. Por ello, para parecerse más a Dios, es necesario no aferrarse a los bienes de este mundo.

A este grupo de sociedades pertenecen los masones o los rosacruces. También mantienen estos principios otras agrupaciones como los goliardos, los cátaros o los valdenses.

En muchos casos, estas agrupaciones han sido perseguidas porque ponían en duda el poder establecido. Por otra parte, también han sido la base de movimientos sociales de reivindicación que incluso han dado lugar a algunas revoluciones.

Sumisión a la Orden

Éstas no buscan que sus miembros crezcan, sino que acepten los principios de la sociedad sin rechistar. No se miden sus méritos por sus buenas o malas acciones, sino por la disciplina que manifiesten en el seno de la sociedad secreta.

La idea es que pertenecen a una familia que está por encima de cualquier otra consideración. Los miembros de la sociedad así como las órdenes que reciben deben ser lo más importante del mundo para ellos. Éste es el único camino marcado para mejorar.

Los lazos que establece la sociedad secreta deben ser de por vida. Por ello, en muchos casos, en los rituales de iniciación se les pide que se hagan algún tipo de marca de por vida. En algunos casos, puede ser la circuncisión, en otros se exigen tatuajes e incluso pueden llegarse a exigir quemaduras en lugares poco visibles.

De esta forma, los miembros quedan marcados para siempre. Su compromiso ha quedado en su piel, como debe quedar en su conciencia. De ahora en adelante, su familia es la sociedad y deberán hacer cualquier cosa por sus hermanos de fraternidad. Este ritual es una especie de bautismo. A partir de ese momento, el individuo renace a una nueva realidad y debe olvidar en buena medida su vida anterior.

En estos casos, el individuo deja de tener voluntad y no tiene que tomar decisiones propias. Está al servicio de un poder superior, que es el que marca lo correcto y lo incorrecto. Requieren poco esfuerzo, tan sólo una abnegación total a los dirigentes de la organización. Por ello, estas sociedades no suelen buscar a individuos especialmente inteligentes, les basta con que sean suficientemente dóciles.

El problema de estas sociedades secretas es cuando el poder reside en manos de un líder que no quiere emplearlo para mejorar las condiciones de sus adeptos sino para su lucro personal. Éstos son los casos más tristemente célebres. Los miembros de una sociedad secreta pueden llegar a convertirse en asesinos, si sus representantes así se lo piden.

Ellos no pueden decidir lo que está bien y lo que está mal. De hecho, nunca se plantean esta dicotomía, las buenas acciones son aquellas que van en provecho de la sociedad y las malas son las que atentan contra la misma.

Este tipo de sociedad secreta también suele ser la que impone duros castigos para los miembros que deciden abandonar la agrupación. De hecho, vista su filosofía, eso es lo peor que se puede hacer. Se unen por la sensación de pertenecer a un grupo. Por tanto, darse de baja de él supone una traición que en muchos casos es duramente castigada.

Esta estructura es la que suelen seguir las sociedades secretas más peligrosas. De hecho, es muy parecida a la de las sectas, por lo que no es de extrañar que muchos confundan ambos términos. Es cierto que pueden existir organizaciones que siguiendo estos principios no sean nocivas.

Sin embargo, esta estructura facilita que cualquier líder pueda dejarse llevar por el interés personal. Por eso, la estructura de estas sociedades recae en las buenas intenciones de sus dirigentes y muchas veces no son las adecuadas.

Buscando la trasgresión

El último grupo de sociedades secretas es quizá el menos conocido y el más mitificado. Se trata de las sociedades que no buscan ni el bien ni el mal sino la trasgresión de los sentimientos humanos. Quieren renunciar a todo lo humano y llegar a un estadio superior. En muchos casos, se pretende alcanzar una edad de oro o volver a sentimientos primitivos que han quedado olvidados con el proceso de sociabilización.

La forma más habitual de intentar llegar a este estado suele ser el erotismo o las drogas. De esta forma se intenta despertar la parte más primitiva que anida en la conciencia humana.

Estas sectas han pasado, a lo largo de la historia, de forma bastante desapercibida. Al no tener un ideal religioso no han padecido la denuncia y las críticas de las principales religiones.

De hecho, la escasa información que se posee de este tema es la que han proporcionado miembros que han abandonado la sociedad. En muchos casos, incluso se ha llegado a creer que estas personas se inventaban las historias, puesto que eran tan imaginativas que nadie les daba credibilidad.

En estas sociedades prima el ritual. Es lo más importante, lo que articula toda la agrupación. De hecho, el ritual empieza siendo un medio para conseguir un fin: la trasgresión. Sin embargo, con el tiempo se acaba convirtiendo en el fin en sí mismo. Las reuniones tienen como finalidad la celebración de ese ritual. En la mayoría de las ocasiones, nunca se llega a explicar si después se ha conseguido esa trasgresión o no.

Para muchos, la filosofía acaba siendo secundaria. De hecho, algunos consideran que acaba siendo una excusa y lo que importa es el hedonismo de la experiencia. En cierta forma, el punto de unión entre los miembros podría ser la afición hacia ese tipo de trasgresión: orgías, drogas, experiencias extremas... Atravesar juntos este tipo de experiencias crea una especial comunión entre sus miembros.

En muchos casos, para ingresar en la sociedad se les pide a los miembros que lleven a cabo un sacrificio o que hagan algo que demuestre su valor. Este tipo de pruebas es muy variado y depende del tipo de sociedad secreta.

Los adeptos a estas agrupaciones suelen ser personas con cierto nivel económico. No es una condición imprescindible, pero normalmente se trata de rituales muy costosos, por lo que es necesario contar con un buen poder adquisitivo. La influencia social y la inteligencia no son baremos especialmente valorados en la mayoría de estas entidades.

En este caso el secretismo es completamente obligado. Pero también es más fácil de mantener. Los miembros tienen que admitir que han participado de los ritos y por ello, normalmente, aunque abandonan la asociación raramente suelen explicar lo que ocurre dentro de ella.

En este caso las sociedades son secretas porque están perseguidas o las actividades que realizan son condenadas socialmente. Por otra parte, también se considera que todos los miembros están preparados para este tipo de experiencias.

Capítulo II
SOCIEDADES HISTÓRICAS

Cuando hablamos de sociedades secretas, nos vienen a la cabeza una serie de nombres que relacionamos de inmediato con este tema: los templarios, los masones, los rosacruces y los illuminati. Sin duda, a lo largo de la historia, estos nombres se han asociado inmediatamente con el concepto de sociedad secreta.

Los masones, quizá, son de este grupo los más famosos. Se les ha culpado de males sociales, se les ha acusado de desestabilizar gobiernos y por otra parte se les ha atribuido buena parte de los avances científicos y artísticos de la sociedad moderna.

Ésta es una tónica que encontraremos en estas sociedades. Por doquier salen admiradores y detractores. Llevan siglos conviviendo a la sombra de la sociedad y su carácter secreto ha despertado la desconfianza de muchos.

En algunos casos se les ha atribuido un poder absoluto sobre la política y en otros se las ha tildado de simples mascaradas para gente adinerada. Seguramente, nunca sabremos quién tiene la razón en todo este asunto, puesto que el carácter secreto de estas sociedades nos impide conseguir datos concretos.

Sea como fuere, lo que sí podemos afirmar es que llevan siglos desarrollando discretamente su actividad. Es difícil situarlas en el tiempo y en cada caso se concretarán las teorías sobre su fecha de fundación. Algunos dicen que estas sociedades secretas proceden de los druidas. Estos sacerdotes celtas, al extinguirse, podrían haber trasmitido su conocimiento a unos cuantos elegidos con la misión de que ellos lo llevaran por todo el mundo.

Otros, sin embargo, creen que el origen se podría remontar a la época de los egipcios. Todos estos datos nos llevan a pensar que estas sociedades secretas o, al menos, el embrión que después sirvió para crearlas, aparecen con las primeras civilizaciones.

Cuando se crea una sociedad, el hombre tiene necesidad de mantener secretos al margen de la misma. Algunas épocas en las que el tejido social se ha debilitado, por ejemplo durante la Edad Media, han permitido a estas sociedades desarrollarse sin ninguna cortapisa y sin la mirada de una sociedad desconfiada.

También han atravesado períodos en los que han sido perseguidas o defenestradas por el gobierno. Se ha de tener en cuenta que las sociedades secretas tienden a una concepción universalista, es decir, que se sienten hermanos de los otros miembros independientemente del país al que pertenezcan. Ello crea unos lazos mucho más fuertes hacia los compañeros de sociedad que hacia los compatriotas. Evidentemente, este sentimiento supone un peligro para muchos gobiernos, sobre todo durante etapas de conflicto.

Estas logias, por lo tanto, son vistas como una amenaza. En muchos casos se mueven en esferas de alto poder y por otra parte no sienten especial fidelidad hacia el gobierno de su país. También resultan especialmente amenazadoras para los gobiernos absolutistas o las dictaduras, puesto que aglutinan una parcela de poder y de opinión a la que no pueden acceder. Por ello, cuando más represor es un gobierno, más perseguidas están las sociedades secretas.

Sin embargo, y pese a todo este azaroso periplo, estas cuatro sociedades han llegado hasta nuestros días. ¿Qué secreto les ha garantizado una vida tan larga? Es imposible recordar un solo partido político o movimiento social que haya perdurado tanto en el tiempo. Ni siquiera las filosofías han podido mantener su supremacía durante tantos siglos. El único ejemplo parecido sería el de las religiones, pero éstas han formado parte de la vida de los ciudadanos durante siglos. Sin embargo, las sociedades secretas han tenido que esconder sus adeptos y renovarlos generación tras generación.

¿Cómo han sobrevivido a lo largo de tantos años estas sociedades? Ésa es la pregunta que se hacen los estudiosos de la cuestión. Los defensores de las sociedades secretas se apresuran a contestar que la sabiduría que esconden es tan fascinante que ha subyugado a todo aquel que se ha acercado a ellas.

Los detractores de estas organizaciones, en cambio, creen que se trata de estructuras de poder, con vínculos hereditarios, que ofrecen sustanciosos beneficios a todo aquel que quiera militar en sus filas. También argumentan que las amenazas y los castigos a los desertores son terribles.

Evidentemente, nunca se alcanzará una respuesta unánime. Para entender mejor estas sociedades que han crecido a la sombra del orden social durante siglos, se impone repasarlas una a una y comprender su filosofía y su forma de actuación.

En este capítulo también se analizarán las sociedades que con los años se han ido escindiendo de las originales y han creado otras organizaciones que con el tiempo se han independizado.

Es necesario señalar que estas cuatro sociedades son las que más «hijos» han tenido. Es decir, las que han dado origen a más agrupaciones derivadas. Por ello, en este capítulo no se tratarán todas, ya que algunas han adquirido suficiente importancia para ser tratadas en profundidad en otros capítulos de este libro.

Sin más preámbulos, ha llegado el momento de descubrir los misterios de las sociedades que han estado cerradas a cal y canto durante siglos. Hoy abriremos una rendija para ver qué ocurre en su interior.

Los templarios

Esta es, junto a la masonería, la sociedad secreta que acude a nuestra mente más rápidamente, debido a su extraordinaria fama y difusión. Al intentar analizar esta orden nos encontramos con que existe tanta bibliografía sobre ella tanto rigurosa como fantasiosa que en ocasiones cuesta distinguir los límites entre ambas. Por tanto, pasaremos a hacer una síntesis tanto de la historia documentada como de las especulaciones que rodean a la tradición templaria.

Historia

Para empezar, debemos tener en cuenta que la orden tiene una serie de orígenes mitológicos: los atlantes que aparecen en la obra de Platón, los cultos mistéricos de la antigüedad, los druidas (sacerdotes de los antiguos celtas), los misterios que rodean al Arca de la Alianza, la tradición hermética, el esoterismo cristiano y el del Islam y finalmente San Bernardo y la Orden del Císter, considerados directamente precursores de la Orden del Temple.

San Bernardo, caballero de nacimiento, fundó el Císter en 1118 y trazó las reglas generales de la Orden del Temple, que luego expuso en el tratado *De laude novoe militae*. En él explicaba el ideal de la caballería cristiana, a la que llamaba la Milicia de Dios. Pese a haberse convertido en monje, San Bernardo no dejaría jamás de ser caballero, y por tanto aunaba los dos caracteres de la Milicia de Dios, la Orden del Temple. Por su condición estaba predestinado a jugar el papel de intermediario entre el poder religioso y el político.

La orden fue fundada, según la mayoría de historiadores, por nueve caballeros que unos años antes participaron en la Primera Cruzada a Tierra Santa. Y es que la existencia de la Orden del Temple está íntimamente ligada a las Cruzadas: surge a consecuencia de la primera y muere poco después de que se intuyera que la última sería inviable al tratarse de la alianza entre cristianos y mongoles nestorianos a comienzos del siglo XIV.

Por tanto, las Cruzadas y el reino franco que nacen a raíz de ellas, así como la Orden del Temple, se extienden desde finales del siglo XI a finales del XIII.

Sin embargo la Orden del Temple, aunque oficialmente fuera proscrita y posteriormente disuelta, jamás ha sido condenada por la Iglesia Católica y se ha resistido a desaparecer; y ahí radica su misterio.

Después de producirse la victoria de los cruzados, un grupo de jóvenes que no se había involucrado en las grandes masacres puesto que eran caballeros excepcionales se vieron relacionados con San Bernardo de Claraval. Así nació la Orden, que tenía como propósito auxiliar a los peregrinos; pero un halo de misterio envuelve los orígenes de esta Orden.

La historia oficial dice que el noble al que consideraban su jefe y guía espiritual era Hugo de Payens y Geoffrey de Saint-Omer, a los que luego se unieron Godofredo Bisoi, Godofredo Roval, Payen de Mont Didier, Archibald de Saint-Amand, Andrés de Montbard, tío de Bernardo, el abate de Clarayal o Ciairvaux. Y hacia el año 1120 se les agregó Fulco d'Angers, y antes de 1125, el conde de Champagne.

Un año más tarde la Orden se estableció en Jerusalén para defender los Lugares Santos. El soberano Balduino II les cedió un palacio cerca del Templo de Jerusalén, y por esto la Orden tomó el nombre del Temple y el estandarte, siendo su atavío una túnica blanca adornada con una cruz roja.

En las tierras de Oriente el Temple adquirió su fuerza y posiblemente sus primeros tesoros, aunque parece ser que las inmensas riquezas que acumularon se debieron a sus negocios financieros, ya que concedieron enormes préstamos a los distintos reyes de los Estados europeos y también realizaron otros asuntos que les proporcionaron fortunas incalculables.

Al cabo de varios años de proezas legendarias, en el curso de las Cruzadas y fuera de ellas, finalizó la misión de la Orden en Oriente. Entonces los caballeros de la Orden continuaron sus andanzas por tierras de España, que estaba en poder de los árabes casi en su totalidad, y su potencial económico y militar empezó a despertar recelo en los Estados que les habían acogido anteriormente con los brazos abiertos. Entre sus detractores estaba Felipe *el Hermoso*, rey de Francia, que veía como cobraban un gran poder en su Estado. Entonces empezaron los problemas de la Orden, ya que se propagaron relatos oscuros sobre su origen y conducta y se les llegó a considerar herejes.

Finalmente, en 1314 la Orden fue condenada por el Papa Clemente V que la tachó de herética: Jacques de Molay fue ejecutado y los bienes de la Orden repartidos entre diversas órdenes que eran tenidas en buena consideración.

El silencio que siguió a estos sucesos dificultan que conozcamos los verdaderos acontecimientos que llevaron a la aniquilación de los Templarios. Actualmente se cree que sus directrices diferían de las de la Iglesia de Roma, y por eso fueron considerados herejes y aniquilados. Sin embargo, es posible que el fundador de la Orden no conociera la orientación espiritual de algunos de sus miembros, ya que con toda seguridad no todos sus seguidores participaron de las nuevas ideas. Por tanto, se cree que dentro de la Orden existía una corriente iniciática que abrazó las creencias gnósticas.

A lo largo del tiempo que duró su misión principal, la defensa de los Santos Lugares, que les retuvo casi dos siglos en Oriente se produjeron contactos intelectuales con los adversarios, principalmente con la secta árabe de Los Asesinos, de la que hablaremos en otro capítulo.

A partir de entonces se esparcieron por Occidente los nuevos ritos de los Templarios, que asumieron la protección simbólica del Grial, considerando su misión evangélica por encima del credo de la Iglesia Romana. De esta manera, el Temple fue incorporando a su cosmogonía las tradiciones idealizadas a través de las leyendas de los personajes míticos de la Corte del Rey Arturo y sus Caballeros de la Tabla Redonda, profetizados en uno de los principales libros de la saga, el *Parsifal* de Wolfram von Eschenbach. En esta obra, el autor denomina a los guardianes y defensores del Grial con el nombre genérico de *Templeisen*, o sea Templarios.

La Orden del Temple quería una Europa teocrática, sometida a un Mesías imperial siguiendo la tradición que reunía el poder temporal y el espiritual bajo una misma disciplina. Para ello buscaron incesantemente la sabiduría absoluta a través de la filosofía gnóstica a la vez que trataban de fundir los conocimientos orientales y occidentales. Los templarios decidieron entonces separarse de la Iglesia de Roma, ya que sus ideas eran más liberales que las del cristianismo y estaban por encima de cualquier religión. Para los miembros del Temple, la iglesia era la casa de Cristo y el Temple la del Espíritu Santo, por lo que su tarea primordial era la reconciliación de todos los tiempos en el gran pensamiento de la unidad divina. Entonces se difundió la creencia de que eran herejes.

Los Templarios, por sus ideales y la liberalidad de pensamiento que sentían, vieron puntos de contacto con otras doctrinas nacidas bajo los mismos principios espirituales desarrollados en su tiempo, como la de los cátaros y los caballeros teutones, ambas perseguidas y exterminadas por los mismos motivos que la Orden del Temple.

Como decíamos, Felipe IV quiso acabar con la Orden, y se encontró con circunstancias favorables a sus propósitos. Finalmente logró que fueran detenidos en masa los Caballeros del Temple en las 3.000 casas que la Orden tenía en Francia. Se les acusaba de apostasía, blasfemias contra Cristo, ritos obscenos, sodomía e idolatría. Jacques de Molay acabó confesando sus culpas públicamente, entre promesas de enmienda, y envió una carta a todos los templarios de Francia declarándose culpable. Como resultado un gran número de templarios fueron arrojados al fuego, clamando su inocencia. El Temple acabó siendo abolido tras el Concilio de Vienne, con la ejecución del último Gran Maestre de la Orden.

Tras la suspensión de la Orden, se produce un reagrupamiento de los Templarios a dos niveles. Aquellos cuya pública actividad es conocida y vinculada a otras órdenes militares, y los que intentan mantener la estructura original del Temple en la clandestinidad.

Este período termina con la proclamación de los Estatutos de 1705 y el Maestrazgo de Luis Felipe de Orleáns. Es notable su intervención en episodios puntuales de la historia, como en la Revolución Francesa, en el Imperio de Napoleón I, o su participación en la Segunda Guerra Mundial.

Doctrina

Los fines que se proponía la Orden del Temple eran:

— Promover la cristiandad, la caridad y la Caballería.

— Buscar a Dios en sus vidas y aumentar los estándares de moralidad.

— Enfatizar el amor y el respeto hacia sus semejantes en todo momento y lugar.

— Incrementar el entendimiento entre las religiones y mantener la presencia cristiana en Tierra Santa.

— Soportar la pobreza, la enfermedad y las acusaciones injustas, luchando contra la opresión y protegiendo la libertad de expresión.

— Defender y proteger los nobles ideales de la Caballería.

— Mantener los monumentos, archivos e Historia Templaria que existan en cada país.

Respecto a la Regla del Temple, se ha hablado mucho sobre ella. Una de las teorías, la más fiable, es que se trata de la antigua o primera regla de los Templarios, la que le dio San Bernardo de Claraval a Hugo de Payens y a los primeros caballeros de la Orden en 1127.

Esta regla defiende que Cristo no fue la única causa sino el favor de los hombres, y que dispuso para la defensa de la Santa Iglesia a los Soldados de Cristo. Aconseja a éstos que sean diligentes y perseverantes en su profesión, que es digna, santa y sublime para con Dios. A Él deben los Templarios entregar su alma.

La Regla consta de 72 normas o consejos a seguir, entre las que se encuentran la explicación de cómo oír el oficio Divino o qué hacer por los difuntos, la obligación de los capellanes a gozar únicamente de comida y vestido, las reglas de la dieta de los Caballeros (que se alimentaban básicamente de legumbres) u otras normas más favorecedoras, como que los que estuvieran cansados no se levantaran para los Maitines, las oraciones de primera hora de la mañana. Son normas destinadas a mantener a los caballeros templarios en perfecto Orden y armonía para llevar mejor a cabo su tarea con Cristo y los hombres.

Organización

En 1163 quedó fijada la organización de los templarios, que duró casi tres siglos. La estructura de la Orden del Temple fue una organización casi perfecta para su época; destacó por su excelente jerarquización militar, su rapidez de movimientos y su excelente red de comunicaciones.

Los caballeros templarios se hallaban bajo los órdenes del Maestre del Temple de Jerusalén. No obstante, éste debía atenerse al voto de la mayoría; es decir, al Capítulo, para decidir las cuestiones más importantes. Estas eran los nombramientos de los comandantes de las provincias, declaraciones de guerra, firmas de armisticios, el acoso a una fortaleza o incluso la recepción de un nuevo miembro. La estructura de cargos de la Orden era la siguiente:

Maestre

Respondía únicamente a la autoridad del Papa, aunque tenía que ser respetuoso con los obispos y los reyes. El Maestre disponía de cuatro monturas además de otra especial para el combate. Contaba como ayudantes con un secretario e intérprete árabe, un soldado de caballería ligera, un herrero, un cocinero y dos criados.

Senescal

Era el segundo nivel en la jerarquía y suplía al Maestre en sus ausencias.

Mariscal

Era el comandante general en la guerra en caso de que el Maestre no estuviera.

Comendador de la tierra de Jerusalén

Esta figura ejercía de tesorero y gestor de las finanzas de la Orden, de jefe de la marina templaria y de guardián de la Vera Cruz en las batallas. Asimismo, ejercía de responsable en Jerusalén de la protección de los peregrinos.

Vestiario

Era el responsable del uniforme de los caballeros y el personal de servicio.

Comendadores territoriales

Eran los responsables de las zonas de Palestina (Acre) y Siria (Antioquía) y controlaban los castillos de cada región.

Turcoplero

Ejercía como responsable de la caballería ligera indígena.

Comendadores provinciales

Eran los preceptores de las distintas provincias del Temple y llevaban la administración y el control de los hermanos que tenían a su cargo.

En lo que respecta a la dirección militar, estaba organizada de la siguiente manera:

Caballeros

Ellos constituían los pilares básicos de la estructura militar templaria. Tenían el derecho de poseer tres o cuatro caballos y el de llevar el manto blanco con la cruz roja en el costado izquierdo del pecho.

Escuderos

Formaban el segundo nivel de la estructura militar y podían ir armados y a caballo.

Sirvientes

Constituían el grueso del ejército templario. Podían llevar armamento ligero y se dedicaban a proteger al caballero y ocuparse de sus caballos. Algunos cuerpos eran arqueros o ballesteros.

Turcopolos

Era una caballería ligera formada por los cristianos nativos que no pertenecían a la Orden y militaban en el temple a cambio de una paga. Eran cuerpos auxiliares.

Caballeros seglares

Estos caballeros hacían el voto de peregrinación y se ponían a las órdenes del temple durante un tiempo limitado. Vivían en los conventos de la Orden, a no ser que estuvieran casados.

Finalmente, ésta era la dirección eclesiástica de la Orden:

Abad del Temple

Era la máxima autoridad eclesiástica y monacal y funcionaba con independencia de la militar.

Sacerdotes

También se les conocía como capellanes. Eran los responsables espirituales de las distintas secciones templarias, realizaban funciones religiosas y controlaban y cuidaban las iglesias. Su nivel cultural era muy alto y prácticamente llevaban el control general y económico de la Orden.

Además de esta estructura básica, existían una serie de cuerpos auxiliares en el Temple:

Hermanos legos

Realizaban las funciones domésticas de las encomiendas y también se les llamaba *donados*.

Compañeros del Santo Deber

Eran los profesionales de la Orden: carpinteros, herreros, constructores, etc. Vivían en las estructuras templarias (castillos y conventos) y estaban unidos a la Orden, que normalmente los contrataba.

Cooperadores

Eran las personas que ayudaban y colaboran con la Orden desde el exterior; éste era el único lugar en el que podían estar las mujeres.

Iniciación

Las costumbres iniciáticas de los templarios están rodeadas por un halo de misterio y se dice que nunca podrán ser desveladas en su totalidad. En toda la historia de los templarios quedan incógnitas por resolver, y el verdadero ritual de ingreso es una de ellas. Sin embargo, existen una serie de escritos sobre este tema bastante fiables, aunque no debemos olvidar que se ha escrito mucho sobre los Caballeros del Temple y no todos los datos han sido verídicos.

Uno de los datos más fidedignos es que Hugo de Payens reclutó en Europa algo más de trescientos aspirantes a caballeros templarios. A ellos se añadieron gran cantidad de antiguos cruzados, que al finalizar la Primera Cruzada decidieron no regresar a sus hogares sino consagrar su vida a las armas y a Dios. Finalmente, la Orden también se nutrió de algunos caballeros que se unieron a ella aprovechando que se habían quedado a vivir en Tierra Santa.

Lo que resultaba más complicado para los jefes de la Orden era convencer a los soldados para que profesaran un juramento en el que renunciaban a su vida laica y pasaban a convertirse en monjes-caballeros. Para ello procedían a realizar un examen a las nuevas admisiones ante el tribunal de los Doce Hermanos Mayores, que se debían haber leído las Reglas. Estas pruebas se realizaban en la Iglesia de la Orden, con las velas encendidas puesto que se hacían de noche.

El candidato a ingresar en la Orden vestía con una túnica blanca y una especie de velo del mismo color. A esta ceremonia no debía llevar armas.

Entonces iban a buscarle los dos Caballeros de mayor edad y le formulaban dos preguntas: ¿Cómo os llamáis? y ¿qué intenciones os han traído hasta nosotros, cuando sabéis que vais a someteros en esta milicia a duros trabajos, a combates que pueden arrebataros la vida y, a la vez, os veréis obligados a mantener una existencia en la que no podréis gozar de ninguno de los placeres del mundo exterior?

Si la respuesta del candidato convencía a la primera pareja de examinadores podía volver con los otros diez caballeros que completaban el Capítulo. Entonces les explicaban lo sucedido mediante un léxico ritual y posteriormente el candidato entraba en la Iglesia. En ella se tenía que presentar de la manera más humilde posible.

A continuación se le hacían las primeras aclaraciones y después de escuchar sus breves respuestas aprobándolas se le decía:

«Hermano, nunca has de ingresar en la Orden con el deseo de conseguir riquezas ni honores, tampoco por que creáis que vais a situaros en un plano más alto o podréis encontraros rodeado de comodidades. Tened en cuenta de que se os exigirán tres cosas: La primera es que dejéis atrás los pecados del mundo, la segunda que os pongáis al servicio de Nuestro Señor y la tercera que seréis el más pobre de los mortales, y siempre estaréis sometido a una penitencia por la salvación de vuestra alma. Nada más que por este motivo debéis solicitar vuestro ingreso. ¿Estáis dispuesto durante todos los días de vuestra vida, desde hoy en adelante, a convertiros en servidor y esclavo de la Orden? ¿Os halláis dispuesto a renunciar a vuestra voluntad para siempre, obedeciendo todo lo que vuestro comandante disponga en todo momento?»

El candidato debía contestar: «Sí Señor; si Dios me lo permite».

En este momento, el aspirante tenía que salir de la Iglesia. Entonces el Maestre se adelantaba, ponía las manos sobre los Evangelios y le decía al Capítulo lo siguiente: «En el caso que alguno de vosotros conociera una o varias causas por las que este hombre no mereciera ser un hermano nuestro que lo declare ahora mismo, por que será mejor escucharlo ahora que no cuando el aspirante vuelva a encontrarse ante nuestra presencia... ¿Deseáis que le hagamos regresar en el nombre de Dios...?»

La respuesta solía ser afirmativa, y cuando el candidato volvía a encontrarse ante el Capítulo de la Orden procedía a renunciar a su vida anterior y aceptaba convertirse en un esclavo de la Orden. Entonces el Maestre le hacía varias preguntas sobre su condición militar, su estado, su salud, si tenía deudas o le movían otros intereses que los correctos para entrar en la Orden.

Las respuestas solían ser satisfactorias, y entonces se obligaba al iniciado a hacer los votos de la siguiente manera:

«¿Prometéis a Dios y a Nuestra Señora que desde hoy mismo hasta el final de vuestros días cumpliréis las órdenes del Maestre del Temple y de los Comandantes que sean vuestros superiores? ¿Prometéis a Dios y a la Señora Santa María que siempre de una forma absoluta y sin ninguna concesión, mantendréis permanentemente vuestra castidad? ¿Que viviréis sin que nada os pertenezca? ¿Que os encontraréis en condiciones de seguir y respetar las buenas maneras y costumbres de nuestra casa? ¿Que estáis dispuesto a ayudar a la conquista de acuerdo a la fuerza y el poder que Dios os haya dado, de la Tierra Santa de Jerusalén? ¿Que nunca abandonaréis nuestra Orden ni por una causa fuerte o débil, ni por un motivo peor o mejor?»

Al escuchar estas frases el candidato ya era admitido en la Orden. Se le recordaba que sólo tenía derecho a pan y agua, ropajes pobres y una cama sencilla; en resumen, a vivir en la miseria y a realizar duros trabajos.

Por último se le entregaba el manto de los Templarios, una cruz y una espada. El Maestre y el Capellán le daban el beso de la fraternidad y se rezaba un himno que era común a casi todas las órdenes religiosas.

El nuevo templario debía entonces mantener un corto período de aprendizaje y adaptación a su nueva vida. A todas partes iba acompañado del mejor profesor.

Para los caballeros templarios la disciplina era una devoción y la obediencia una forma de respetar a sus superiores, porque estos caballeros mantenían una existencia compartida, sencilla y sin tener esposa ni hijos.

El tesoro de los templarios

El secreto de los templarios ha creado una leyenda que afirma que no sólo existía sino que el rey de Francia jamás logró encontrarlo. Desde entonces los hombres se han preguntado en qué lugar fue depositado por los caballeros.

Los Caballeros del Temple fueron unos adelantados a su época con una gran habilidad financiera para levantar tan inmenso imperio económico que aún sigue maravillando en nuestro tiempo. Debido a sus votos, los templarios eran pobres nominalmente, pero la Orden era inmensamente rica.

Tras el golpe descargado contra los Templarios, quedó claro que el objetivo principal del rey de Francia era la inmensa riqueza de la Orden del Temple. El mismo día del arresto, Felipe IV, que debía a la orden una importante cantidad monetaria, irrumpió en el Castillo del Temple en París dispuesto a fundir el tesoro de Francia con el del Temple, que lo triplicaba. De esta forma no solo solventaba la deuda, sino que conseguía apropiarse de todo.

Pero existe la certeza generalizada de que el rey no logró confiscar todos los bienes que esperaba, ya que después del arresto de los templarios continuó expoliando a los banqueros lombardos y judíos para procurarse algo de dinero. Es indudable que los templarios, que gozaban de grandes influencias en todas las esferas sociales, estaban al tanto de la inminente operación en su contra.

A pesar de que se realizaron inventarios en todas las haciendas de la orden en Francia, nunca se encontraron los archivos de los templarios. También se dice que días antes de la detención, el Maestre Jacques de Molay había encargado destruir ejemplares de la Regla del Temple que contendrían secretos relativos a la Orden. Es por ello que la mayor parte de las acusaciones, incluso si contenían visos de realidad, nunca pudieron ser probadas.

Es ilícito pensar que si los monjes-guerreros pudieron salvaguardar sus archivos secretos, podrían haber hecho lo mismo con gran parte de su tesoro monetario. De hecho, no todos los templarios fueron capturados a la vez. Un grupo, entre los que se encontraba el tesorero de la orden, escapó a la redada y fueron detenidos unos días más tarde.

Debemos tener en cuenta que los dirigentes templarios fueron finalmente capturados, lo que nos hace pensar que quizás no pudiesen sacar el cargamento del país. También es posible que se tratase de una simple maniobra de distracción, para que el tesoro no fuese buscado dentro del reino francés. Vista la actitud que tomaron los templarios ante el proceso que se desató contra ellos, da la impresión de que los caballeros esperaban salir airosos del envite. En ese caso, hubiese sido mucho más lógico ocultar los bienes de la Orden en un escondrijo cercano a la espera de que todo acabase y poder recuperarlos. Esta es una hipótesis que cobra fuerza con enigmáticos descubrimientos en suelo francés y que cuenta con aguerridos defensores. Sin embargo, aún no se ha logrado encontrar el tesoro que aún inquieta a expertos y profanos.

Organizaciones derivadas

En la Orden de los Templarios se dice que se encuentran las raíces de numerosas sociedades secretas, como los masones, rosacruces, etc. De ahí que pasemos a hablar de las principales órdenes derivadas de los templarios en su época y después analicemos una curiosa orden derivada que, aunque también perteneciera a la Edad Media, resulta particularmente interesante por sus especiales características.

— *Orden del Santo Sepulcro*: es una Orden de carácter religioso-militar que nació en la época de las Cruzadas por iniciativa de Godofredo de Buhillón. Este caballero fue el conquistador de los Santos Lugares en la Primera Cruzada, armando cincuenta caballeros sobre el sepulcro del Redentor. Esta Cruzada se caracterizó por la violencia de la lucha, lo que no deja de ser un contrasentido; allí donde Jesús predicó la paz entre todos los hombres hubo lucha, sufrimiento y muerte.

Esta Orden constituye una de las cinco que se instituyeron en los Santos Lugares: la Orden del Temple, la Orden de San Juan de Jerusalén, la Orden del Santo Sepulcro, los Caballeros Teutónicos y la Orden de los Lazaristas. Los primeros custodiaban el Templo y llevaban la cruz «pate» de gules; los segundos usaban la cruz blanca de ocho puntas: los terceros fueron llamados en su origen sepulturistas, los primeros freires de la Orden que estudiamos; los Caballeros Teutónicos cuidaban del Hospital de Santa María y los Lazaristas asistían a los leprosos y se distinguían por la cruz verde de ocho puntas.

Los sepulturistas fueron los encargados de velar por el Sepulcro desde el año 1098. Estaban obligados a aportar 1.000 sirvientes de armas y en la corte del rey de Jerusalén tenía que haber constantemente cien Caballeros del Santo Sepulcro con el objeto de cubrir las expediciones militares que se fueran presentando.

Eso provocó que los caballeros de esta Orden tomaran parte en casi todos los hechos de armas a partir del año 1123, luchando al lado del rey Balduino de Jerusalén. Con la toma de Jerusalén por los turcos, los caballeros del Santo Sepulcro se trasladaron a Europa, extendiéndose por Polonia, Francia, Alemania, y Flandes, donde instituyeron diversos conventos entre los que pueden citarse los de Parma, Perusa y París.

En lo que respecta al distintivo, los caballeros de esta Orden utilizaban la cruz potenzada roja en el manto, la divina heráldica de Jerusalén y la cruz patriarcal de doble traviesa sobre el pecho.

Cuando los franciscanos se encargaron de la Tierra Santa, el Papa León X les autorizó para armar caballeros del Santo Sepulcro a cuantos peregrinos llegaban a Jerusalén y así lo solicitaban, siendo condición indispensable pertenecer a familias principales de Europa.

En el año 1480, el Papa Inocencio VII decidió incorporar la Orden del Santo Sepulcro a la de Jerusalén y más tarde, el Pontífice Pío X se reservó el Gran Maestrazgo en el año 1904.

En la antigüedad existían tres clases de caballeros: de Honor y Devoción, de Justicia y de Gracia Magistral, nombrados por el Gran Maestre como título honorífico. En la actualidad, la Orden se divide en tres grados: Caballeros, Comendadores y Grandes Cruces.

— *Orden teutónica*: también tiene carácter religiosomilitar y surgió gracias a la atención que prestaron los caballeros teutones que participaron en las Cruzadas. En un principio fue conocida con el nombre de Caballeros Teutónicos del Hospital de Santa María de Jerusalén. La fecha de su creación se fija en el año 1189, durante el asedio por los cruzados cristianos de la fortaleza de San Juan de Acre. Fue entonces cuando se elevó un hospital destinado para los cruzados teutones.

En el año 1198 los caballeros de esta nacionalidad se reunieron para estudiar y llevar a efecto, si existía acuerdo, la transformación del Hospital de Acre en una Orden Religiosa-Militar. Así se determinó y se nombró a su primer Maestre, que fue Heinrich Walpot. El segundo paso fue la elección del hábito, decidiéndose que fuera una túnica blanca con una cruz negra.

La idea original fue combinar los ideales hospitalarios de la Orden de San Juan con los militares de los Templarios, constituyendo una fuerza de caballería noble destinada a la defensa de la fe. Este fue el proyecto original, pero finalizada su participación en las Cruzadas los caballeros de la Orden Teutónica regresaron a sus tierras de origen y, en lugar de disolver una Orden que había nacido para combatir a los musulmanes en Tierra Santa, decidieron continuar su obra en los países del Norte de Europa y fijaron su atención en las posibilidades que ofrecía la evangelización de los territorios situados al Este de Alemania.

Esto sucedió en el siglo XIII. Su primera acción fue acudir a Transilvania, emprendiendo una serie de acciones bélicas que finalizaron en estruendoso fracaso, ya que fueron expulsados de Hungría por Andrés II, rey del país.

En el año 1310, los caballeros de la Orden iniciaron la ocupación de Prusia, dirigidos por su III Gran Maestre, Herman Von Salza. Intentaron entrar en la Pomerania desde donde se extendieron a Estonia. La Orden, concebida como Religiosa-Militar, se orientó casi exclusivamente a esta última ocupación, dado que una vez pacificada Prusia extendieron su campo de acción a Livonia y Curlandia.

En esa época la Orden Teutónica se fusionó con otra Orden similar aunque de menor importancia, los denominados Caballeros Portaespada. Las actividades de la Orden Teutónica implicaban bajo la excusa de la propagación de la fe la total germanización de las tierras que iban ocupando, ya que se dedicaban a la fundación de nuevos núcleos de población que eran inevitablemente poblados por elementos germanos. Para ello se utilizaba la táctica de la fundación de grandes ciudades en detrimento de la población autóctona, a la que se sometía en ocasiones a verdaderas matanzas, o deportándola de unas tierras que habían habitado durante siglos y que en realidad eran suyas.

En el año 1291, la pérdida por los cristianos de San Juan de Acre en Tierra Santa, cortó los últimos y ya muy débiles vínculos de los caballeros teutónicos con el espíritu de las Cruzadas y la capital de la Orden y sede del Gran Maestre se trasladó a Venecia hasta el año 1309, en que se decidió instalarse definitivamente en Malborck, ciudad desde donde las altas jerarquías de la Orden dirigían todas las actividades de la misma.

Durante el siglo XIV, la Orden Teutónica alcanzó su período de mayor expansión. A partir de la segunda mitad del siglo XIV se inició su decadencia. La aparición de una fuerte potencia militar constituida por la unión de Polonia y Lituania fue un duro golpe contra los intereses expansionistas de los caballeros teutónicos. La Orden sufrió, frente al rey Ladislao II de Polonia, una tremenda derrota en la batalla de Tannenberg, de modo que al finalizar la guerra por la paz de Torun (1466) la mayoría de los territorios que habían estado en posesión de la Orden Teutónica pasaron a depender de Polonia.

En el año 1511 fue elegido su último Gran Maestre, Alberto de Brademburgo. En ese momento se reveló con total claridad que los motivos que movieron a esta Orden en sus tiempos de expansión no fueron religiosos, sino políticos, ya que este Gran Maestre abandonó el catolicismo para adherirse a la Reforma Protestante, secularizando la Orden. Así se abandonó el ideal monástico para pasar a formar un Estado hereditario formado por las posesiones de los Hohenzollern.

En el año 1525 se produjo la práctica desaparición de la Orden Teutónica.

— *Orden del Toisón de Oro:* era un orden de carácter estrictamente militar que nació en una época en que la Casa de Borgoña era muy poderosa y pretendía convertirse en árbitro de Europa. Felipe *el Atrevido* había recibido un feudo de su padre el rey de Francia, los Estados de Borgoña. Su hijo Juan, *el Intrépido*, o *sin Miedo*, se mezcló por su soberbia en todo tipo de rencillas habidas durante la regencia de Carlos VI con motivo de la estupidez del rey, al que se le juzga históricamente como un imbécil total. Contando con la fuerza de su bando creyó que había llegado el momento de aniquilar a su competidor para el trono francés, el duque de Orléans, alzándose con el dominio de Francia. Pero el Delfín francés fue más listo que él (a pesar de que por entonces sólo tenía dieciséis años) y lo citó para celebrar una pacífica entrevista. Juan *el Intrépido* no sospechó la posible encerrona, lo que le costó la vida porque en el lugar donde debía reunirse con el Delfín, éste lo hizo asesinar en su presencia y a la luz del día, sin el menor recato e importándole muy poco que hubiera numerosos testigos del crimen.

Al fallecido le sucedió en el dominio de los ricos Estados de Borgoña su hijo Felipe, apodado *el Bueno*, tan orgulloso como su padre, con fama de inteligente y poseedor de un gran talento. Desde el primer instante tuvo por empeño vengarse de los asesinos de su padre. Su primera esposa era Micaela, hermana del Delfín de Francia, promotor del crimen siendo su suegro; por tanto, el rey de Francia. Felipe apeló a todo para obtener justicia y el Parlamento francés y la nación entera estuvieron de su parte. Así llevó la guerra a Francia, cuyos habitantes en lugar de ofrecerle resistencia lo acogieron con simpatía.

El Delfín, desterrado de la corte de París y consciente del peligro que le amenazaba levantó tropas para oponerse a Felipe, mientras el rey de Francia, Carlos VI, continuaba sin apercibirse de cuanto ocurría.

Felipe de Borgoña iba rompiendo paulatinamente los lazos de vasallaje que unían Borgoña a Francia. Tras la muerte de su primera mujer contrajo segundo matrimonio con Viona de Artois, hija del poderoso conde de Nevers, lo que acrecentó su poder. Muerto el rey Carlos VI, ascendió al trono de Francia el Delfín, con el nombre de Carlos VII. Pero la venganza entre éste y Felipe de Borgoña continuaba. El borgoñón, viudo por tercera vez, casó con la hija de Juan I, rey de Portugal. Fue entonces cuando, en la cima de su poder, Felipe *el Bueno* creó la Orden del Toisón de Oro, como símbolo de su vanidad satisfecha al colocarse como monarca independiente de Francia y obligando al rey de aquel país, Carlos VII, a retractarse públicamente de cuantas ofensas le había inferido.

Los dominios de Borgoña crecieron gracias a las alianzas o por medio de la conquista. Felipe, que era ídolo de sus pueblos, falleció sin poder llevar a cabo el último ideal de su vida: organizar una cruzada contra los turcos.

La Orden del Toisón de Oro se fue concediendo entonces a algunos príncipes y reyes extranjeros: en los Países Bajos, en Alemania y a los reyes de Aragón y de Navarra. Muerto Felipe *el Bueno* heredó el título de Gran Maestre y jefe soberano del Toisón de Oro su hijo Carlos, al que la historia conoce con el sobrenombre de *el Temerario*, Duque de Borgoña. La vida de este hombre justificó su apodo. La muerte le sobrevino ante las murallas de Nancy, en el año 1477, plaza a la que había puesto sitio. Durante su vida, puso todo su empeño en potenciar la Orden del Toisón de Oro revistiéndola de gran pompa y aparato, concediendo los collares a aquellos monarcas extranjeros en los que buscaba las alianzas para sus ambiciosos planes.

Tras su muerte el Ducado de Borgoña pasó a poder de Francia, pero no así los Países Bajos, donde el emperador germánico, Federico, impuso su dominio reservándose la potestad de ser el supremo jefe de la Orden del Toisón de Oro, al tiempo que preparaba la sucesión del Imperio en la persona de su nieto, el más tarde emperador Carlos V de Alemania y I de España: pasando en el ínterin por Felipe *el Hermoso*, padre del anterior.

Con la muerte de Felipe II se inició lo que ha dado en llamarse la decadencia española. Eso repercutió en la Orden del Toisón de Oro, que conforme iba abandonando su condición de flamenca tomaba la insignia o estandarte de la religión y de bando en la prolongada lucha que dividía a Europa entre católicos y protestantes. Acabó siendo un cuerpo independiente y con facultades propias. No volvieron a reunirse sus Capítulos y finalmente quedó reducida a un premio de lealtad, recompensa de servicios, trofeo de victorias, ya casi nada flamenca y enteramente española.

Durante la soberanía del rey de España se introdujeron tres innovaciones en la Orden: la admisión en ella de personas no católicas, la concesión de entrada al Tocador de la Reina (y por tanto en la Real Cámara) y la creación de una insignia o distintivo para los miembros del Toisón de Oro.

Hoy en día, igual que se han reducido los privilegios de la Orden se han ido simplificando las formalidades exigidas en la misma. Otorgarla sólo depende del jefe supremo de la misma, efectuándose el nombramiento por medio de un Real Decreto. Aquél a quien ha sido otorgada queda exento de prestar juramento, pero continúa siendo tan codiciada como en los ya lejanos tiempos en que fue instituida por Felipe *el Bueno*, Duque de Borgoña.

— *Fedeli d'Amore*: son los Fieles de Amor, conocidos también con el nombre de su doctrina iniciática: la Fede Santa.

El nombre de *Fedeli d'Amore* provenía del famoso grito de guerra de los caballeros templarios cuando estos se lanzaban al combate con valor insuperable: «¡Viva Dios, Santo Amor!»

Por otra parte, es conocida la pertenencia a ella de Dante Alighieri, que tenía el cargo de Gran Maestre. Otros talentos de la literatura italiana también pertenecieron a la Orden, como Bocaccio, Petrarca o Cavalcanti.

Los *Fedeli d'Amore* poseían una transmisión iniciática y una corriente doctrinal esotérica propia en su forma externa, de indudable origen templario en lo inmediato pero ismaelita en lo mediato. Esta doctrina, precisamente por ser iniciática, era suprarreligiosa y no podía de ninguna manera ser encuadrada en los cánones del cristianismo, ni siquiera como una heterodoxia. Lo genuinamente esotérico e iniciático se revestía en los *Fedeli* con un ropaje demasiado marcado por la ignorancia, el fanatismo y la superstición propias de lo típicamente religioso.

Otras veces, el temor a la Inquisición hacía que ese ropaje religioso, con todos sus absurdos y limitaciones, fuera adoptado deliberadamente. Y así nació incluso un lenguaje secreto de los *Fedeli d'Amore*.

La denominación de Príncipe Imperial sin duda hay que vincularla a la marcada orientación gibelina de la Orden, con una actitud de total apoyo al Emperador del Sacro Imperio Romano Germánico en enfrentamiento con el poder temporal usurpado por la Iglesia Católica. De hecho, hay buenas razones par pensar que la *Fede Santa*, filiación templaria laica o secular, era en tiempos de Dante algo que en alguna medida se asemejaba a lo que más tarde se conoció como Fraternidad de la Rosacruz.

El simbolismo básico de los *Fedeli* era de naturaleza astrosófica, similar por una parte al que los Templarios habían tomado de los cátaros. Este simbolismo hace referencia al *Trivium* y al *Cuadrivium*, las «siete artes liberales»: Gramática, Lógica, Retórica, Geometría, Astronomía, Aritmética y Música, estas disciplinas eran encaradas en la Orden desde un enfoque sapiencial e iniciático, más elevado en espíritu y contenido que el saber profano. Sin embargo, en cuanto a la estructura de grados, o sea la jerarquía iniciática interna, los *Fedeli d'Amore* se apartaban de la estructuración en siete grados de la Orden del Temple, que se conserva hasta el día de hoy. Esta estructura de siete grados se originó al parecer en la Orden de los Haschischin. La estructuración de la *Fede Santa* se hacía en base a un sistema de cuatro grados que analizaremos más adelante. Conviene de paso recordar que otra de las autodenominaciones que se daban los *Fideli* era en base a la palabra *Merzé* o *Mercé* (regalo, gracia, merced). Este grado, aparentemente vinculado al menos en su simbolismo, con la *Fede Santa* es el de los «Príncipes de Mercy». La mejor fuente para conocer a fondo el simbolismo y ritual de los *Fedeli d'Amore* es una obra de Dante: la *Vita Nuova*. En ella se mantiene que Dios está en nosotros mismos: para buscarle y hallarle no hacen falta enviados. Dante no pudo continuar en esa obra siendo tan explícito porque hubiera terminado en las garras de los fanáticos. Esta es la causa de que emplee una terminología secreta que es el lenguaje en clave de los *Fedeli d'Amore* al que hacíamos referencia anteriormente. Por ejemplo, habla de «corazón gentil» para dar a entender un corazón purificado de las pasiones propias de la naturaleza inferior del ser humano. El viento tenía para los miembros de aquella Orden el mismo sentido que tiene hoy la palabra «lluvia» para los masones: no hablar pues hay profanos que escuchan. Todas estas medidas de prudencia eran impuestas por el fanatismo e intolerancia católicas. Lo reiteramos porque únicamente una religión corriente puede ser sectaria (*sectare*: cortar, dividir) si separa y divide a sus seguidores de los que no tienen las mismas creencias.

Las investigaciones de los expertos han permitido poner en claro que los cuatro primeros capítulos de la *Vita Nuova* corresponden al Primer Grado de la *Fede Santa*, denominado Aspirante. Los capítulos 5 al 13 se refieren al segundo Grado o Postulante. En los capítulos 14 al 17 se velan simbólicamente ritual y doctrina del Tercer Grado, el de Oyente. Finalmente los capítulos 22 al 29 se centran en el Cuarto y último Grado, que corresponde al Servidor.

Conviene recordar que la obra cumbre de Dante, la *Divina Comedia,* nos ha llegado íntegra a pesar de que en diversas oportunidades la Inquisición pensó en destruirla. En particular, en la España del siglo XVII fueron quemados numerosos ejemplares por los representantes de la intolerancia y el fanatismo ignorante.

Llegados a este punto, cabe señalar que actualmente el Temple se encuentra establecido mediante Prioratos, Encomiendas y Preceptorias que se extienden desde el sur del Pacífico hasta el norte y sur de América y prácticamente toda Europa desde la línea del Oder-Neisse hacia Occidente. Todos estos grupos, vinculados a la *Ordo Supremus Militaris Templi Hierosolymitani* (Orden Soberana y Militar del Temple de Jerusalén) se encuentran legalmente organizados de acuerdo con la legislación nacional de cada país.

Los masones

La masonería es probablemente la sociedad secreta más conocida y reconocida en el planeta; la que más ha dado que hablar por su gran número de seguidores, por sus escisiones y la multitud de logias que se han derivado de ellas y por haber estado perseguida en diversas ocasiones a lo largo de la Historia.

Algunos expertos opinan que la tesis fundamental de la masonería es que sólo puede ser comprendida por un masón. Esta tesis tiene un precedente en el siglo I, cuando los gnósticos buscaban el conocimiento profundo y afirmaban ser los únicos que podían alcanzarlo. El Papa León XIII, en su encíclica *In eminenti* explicaba que la masonería era «la actualización del paganismo antiguo y el gnosticismo». De ahí que la Iglesia siempre haya visto a la masonería como una secta que quería acabar con sus principios e implantar la secularización en la sociedad.

Otro dato controvertido sobre los masones es que las personas que están en grados inferiores de iniciación desconocen lo que sucede en escalones superiores y, como no forman parte del área de conocimiento en la que han sido iniciados, les parecen imposibles. Incluso hay quien opina que en el grado último, en el que se encuentra el Gran Arquitecto del Universo, quien aparece en realidad es Satán, del que se dice que aparece en algunos de los textos clásicos masones.

Finalmente, el hecho de que sea una sociedad caracterizada por el secreto hace que muchos piensen que sólo sale a la luz pública aquello que interesa a los masones que se divulgue. A continuación, vamos a intentar comprender mejor los inicios, dogmas, léxico y prácticas de la masonería para que cada cual saque sus propias conclusiones.

Historia

Los orígenes de la masonería se nos presentan muy oscuros y han sido desfigurados por una larga serie de leyendas, la mayoría de ellas creadas por corrientes de opinión antimasónica. Los masones defienden que no son una secta, sino un pensamiento filosófico. Sin embargo, la mayor parte de los autores que escriben sobre sectas los incluyen como una más. La masonería tiene una gran afinidad con los movimientos esotéricos, es pseudo-espiritual y pseudo-religiosa.

El origen de la masonería, como decíamos, ha sido siempre ampliamente discutido. Algunos lo sitúan en los comienzos de la antigüedad oriental; otros creen que su fundador fue Irma Abif, arquitecto del templo de Salomón, otros consideran que se deriva de corporaciones de operarios creados por Numa en el año 715 a.C. Buscando en los gremios de constructores y albañiles podemos encontrar organizaciones llamadas *logias* (casas), que eran lo que ahora llamaríamos gremios o grupos de trabajo. A estos gremios independientes, o *logias*, se les llama masonería operativa (hay que tener en cuenta que el término masonería significa albañilería).

El nombre proviene concretamente del inglés *free-mason*, que sirve para definir al obrero que pule la piedra. Se trata, pues, de un conjunto de albañiles libres que se organizan de forma especial para formar un grupo de albañiles cualificados.

En la Edad Media se crean lo que llamábamos logias de masonería operativa; grupos libres que no se encontraban sometidos a reyes, señores o clero. En la época medieval los trabajadores dependían siempre del clero y/o la nobleza, por eso era extraordinario que existieran organizaciones laborales independientes.

Estos grupos de albañiles, para conservarse independientes, conservaban secretos técnicos y profesionales sobre palabras, signos y manejo de instrumentos; y para que no se perdiera la privacidad hacían el juramento de guardar el secreto. En su origen la masonería tuvo patronos, uno de ellos fue San Juan Bautista.

A mediados del siglo XVII la situación había cambiado y el sometimiento al clero y la nobleza no era tan acusado. En Inglaterra las logias permitieron la entrada a personas que no eran de profesiones afines a la construcción ni a la artesanía, con la condición de que no estuvieran adscritas a la religión o el clero. Estos nuevos masones eran sobre todo intelectuales.

En el siglo XVIII la masonería se extendió por Europa y América. En 1717 un grupo de pastores protestantes creó en Londres una Gran Logia propiamente especulativa que nombró al primer Gran Maestro, eliminó las tendencias de mejora social y se declaró monárquica y deísta. En 1723 se crearon las Constituciones de J. Anderson, una reglamentación jurídica. En este momento su arquitectura toma un sentido simbólico, ya no construyen simplemente catedrales de piedra sino que pretenden edificar la catedral humana para venerar al gran Arquitecto del Universo, que es Dios.

Entre los nuevos adeptos a la masonería se encontraba un gran número de revolucionarios del período de la restauración y de las convulsiones reformistas que dieron lugar a la unión escocesa-inglesa. Estas últimas incorporaciones buscaban en la masonería una pantalla de protección para reunirse de forma discreta y poder luchar contra el poder establecido en busca de vías más democráticas.

Estas nuevas logias empezaron a hablar de masonería especulativa (en contraposición a la masonería operativa) porque su trabajo era construir al ser humano y la perfección de la construcción era el perfeccionamiento de uno mismo y la mejora de la sociedad. Estas logias se extendieron por Inglaterra y Francia.

Sin embargo, no se extendieron de la misma manera. La vulneración de la Gran Logia de Inglaterra de los talantes liberales, sociales y humanistas provocaron un cisma, que aún se mantiene, entre las dos visiones masónicas: la visión de la Gran Logia de Inglaterra, dogmática y conservadora, y la del Gran Oriente de Francia, adogmática, social humanista y liberal. Desde entonces, todas las organizaciones masónicas del mundo se alinean en una u otra tendencia. La masonería ha sido prohibida a lo largo de la Historia en varios países por razones políticas y religiosas.

Después de 1815 una parte de los masones tomaron otro sentido político y religioso, especialmente en Francia, Italia y algunos países latinoamericanos. Algunos se unieron a los adversarios del orden religioso y monárquico como en Italia, donde quisieron conseguir el fin del Papado y de la Iglesia. En Francia defendieron las leyes anticlericales de la tercera república; en España defendieron la república que terminó en 1936. Esta línea de la masonería era denominada «irregular».

En varios países de América Latina la masonería estuvo ligada a su historia y procesos de independencia. El ejemplo francés, que era anticlerical, laicista, racionalista y en ocasiones abiertamente ateo, fue imitado por muchas logias de América Latina que se mantienen hasta nuestros días.

Doctrina

No se puede hablar de principios universales que sean válidos para todos los masones, ya que como hemos visto existen grandes diferencias entre ellos. Sin embargo, poseen un código moral masónico que se ha transmitido entre sus miembros desde el principio de la masonería moderna. Por tanto, tiene más de trescientos años y algunos de sus puntos están expresados de un modo anacrónico; pero su sentido último sigue vigente en la actualidad y es seguido por sus adeptos.

No se considera como una serie de normas de obligado cumplimiento o un dogma, ya que éste no existe entre los masones. El código destaca los siguientes elementos:

Veneración al Gran Arquitecto del Universo: el verdadero culto que se le da consiste principalmente en realizar buenas obras. Tiene los siguientes principios:

— Ten siempre tu alma en estado puro para aparecer dignamente delante de tu conciencia.

— Ama a tu prójimo como a ti mismo.

— No hagas mal para esperar bien.

— Haz bien por amor al mismo bien.

— Estima a los buenos, ama a los débiles, huye de los malos, pero no odies a nadie.

— No lisonjees a tu hermano, pues es una traición; si tu hermano te lisonjea teme que te corrompa.

— Escucha siempre la voz de tu conciencia.

— Sé el padre de los pobres; cada suspiro que de tu dureza les arranques, son otras tantas maldiciones que caerán sobre tu cabeza.

— Evita las querellas, prevé los insultos; deja que la razón quede siempre de su lado.

— Parte con el hambriento tu pan, y a los pobres mételos en tu casa; cuando vieses al desnudo cúbrelo y no desprecies tu carne en la suya.

— No seas ligero en airarte porque la ira reposa en el seno del necio.

— Detesta la avaricia porque quien ama la riqueza ningún fruto sacará de ella y esto también es vanidad.

— En el corazón de los sabios está donde se practica la virtud y el de los necios donde se festeja la vanidad.

— Si te avergüenzas de tu destino, tienes orgullo; piensa que aquél ni te honra ni te degrada; el modo como lo cumplas te hará uno u otro.

— Lee y aprovecha, ve e imita, reflexiona y trabaja; ocúpate siempre en el bien de tus hermanos y trabajarás para ti mismo.

— No juzgues ligeramente las acciones de los hombres; no reproches y menos alabes; antes procura sondear bien los corazones para apreciar sus obras.

— Sé entre los profanos libre sin licencia; grande sin orgullo; humilde sin bajeza; y entre los hermanos, firme sin ser tenaz; severo sin ser inflexible y sumiso sin ser servil.

— Habla moderadamente con los grandes; prudentemente con tus iguales; sinceramente con tus amigos; dulcemente con los pequeños y eternamente con los pobres.

— Justo y valeroso defenderás al oprimido; protegerás la inocencia, sin reparar en nada en los servicios que prestares.

— Exacto apreciador de los hombres y de las cosas, no atenderás más que al mérito personal, sean cuales fueren el rango, el estado y la fortuna.

El día que se generalicen estas máximas entre los hombres la especie humana será feliz y la masonería habrá terminado su tarea y cantado su triunfo regenerador.

Regularidad y liberalidad: se considera regular a una logia que se atiene a los principios originales, pero ésta es una concepción que siempre será subjetiva; sobre todo teniendo en cuenta la división entre las dos grandes logias que comentábamos anteriormente. Sin embargo, la insistencia de las organizaciones masónicas que mantienen relaciones con la Gran Logia Unida de Inglaterra de autodenominarse regulares ha hecho que se las acepte como tal y al resto como liberales. Por tanto, la acepción del término regular se ha convertido en: reconocimiento por parte de la Gran Logia de Inglaterra.

Las únicas diferencias entre las dos visiones de la masonería son las siguientes:

— Las logias autodenominadas regulares exigen la creencia en un dios revelado, por lo que son dogmáticas. Las liberales, por el contrario, permiten la libertad absoluta de conciencia.

— Los miembros de las logias autodeterminadas regulares no pueden por sus estatutos mantener relaciones con otras logias. Las logias liberales, sin embargo, fomentan las visitas y las actividades sociales conjuntas.

— La actuación ante la sociedad de las logias autodenominadas regulares se limita a las obras de caridad. Las liberales añaden a la filantropía la creación de publicaciones periódicas de exposición de temas sociales y culturales.

Hasta aquí hemos visto el dogma masónico; ahora analizaremos los principios de su pensamiento:

La existencia de Dios: muchos masones lo aceptan como el «Gran Arquitecto del Universo». Es, por tanto, un dios constructor del mundo y ordenador de la materia. Falta la idea de un Dios personal con el que el hombre se puede comunicar, que es un punto fundamental en la existencia de una fuerza superior.

La libertad: teóricamente los masones defienden el derecho a pensar libremente, a creer en lo que cada cual desee. Pero ya hemos visto que a algunos masones se les imponen normas y juramentos que en realidad les restan libertad. Es lógico pensar que cuando a alguien se le dirige el pensamiento y se le obliga a no revelar los secretos no se puede considerar que se le conceda una absoluta libertad de conciencia.

Importancia de la razón: los masones conceden toda la fuerza a la razón y la conciencia, consideran que la razón es autónoma. Basan su verdad en la razón y la ciencia.

Tolerancia e indiferencia: la mayoría de los masones dicen ser tolerantes y admitir sólo lo que se discute racionalmente. Sin embargo, el hecho de considerar iguales a todas las religiones y no optar por ninguna implica indiferencia religiosa. Además, a pesar de la tolerancia no se permite discutir los principios masónicos con el fin de cambiarlos.

La enseñanza laicista: los masones, al tratar de mantenerse indiferentes ante la religión han defendido los estados y la enseñanza laica. Han defendido la separación entre Iglesia y Estado y han luchado porque existan escuelas públicas y porque no se impartan clases de religión.

Moral y religión natural: la finalidad de la masonería sería el estudio y la práctica de la moral. Aparecen como una sociedad secreta con fines filantrópicos y humanitarios.

Organización

La masonería está organizada siguiendo un cuerpo de ordenamientos que deriva directamente de los que regían en la Edad Media. Estos ordenamientos son el resultado de la amplia experiencia de las asociaciones de masones operativos.

Por encima de las diferentes instituciones masónicas y sus reglamentos particulares se sitúan siempre los antiguos límites: éstos definen las normas básicas de funcionamiento de la institución, los requisitos, los derechos y obligaciones de los miembros y funcionarios y la postura filosófica, social y política de la masonería universal.

A pesar de su gran importancia, no son dogmáticos sino convencionales y admiten que exista una enorme variedad en la manera de impartir las enseñanzas, en el estilo de decoración de los templos, en las liturgias y en muchos otros aspectos. Esto se debe a la diversidad de ritos masónicos que son aceptados como regulares.

En masonería se denomina rito al conjunto de reglas o preceptos de conformidad con los que se practican en las ceremonias y se comunica la institución de los grados.

Dentro de la masonería se han creado más de cien ritos a lo largo del tiempo que han logrado la categoría de ser reconocidos por la organización. Muchos de ellos han tenido una duración breve, pero otros se han mantenido hasta nuestros días. Hay que tener en cuenta que el hecho de pertenecer a un rito determinado no representa un obstáculo para que los masones se traten entre sí como miembros de una gran familia y se visiten mutuamente.

Los ritos que se consideran principales son el Rito Escocés Antiguo y Aceptado y el Rito Inglés de York o Rito del Real Arco. Además de éstos, en algunos países han existido ritos nacionales que han jugado un papel importante en su historia, como el Rito Moderno Francés, que originó la Revolución Francesa; el Rito del Celeste Imperio que se practica en Turquía, el Rito Sueco, el Tien-Foe-Whe de la China o el Benemérito Rito Nacional Mexicano, de gran importancia en el país azteca.

Los masones, como hemos explicado anteriormente, se congregan en pequeños grupos formados por unas decenas de miembros que se denominan *Logias* y se reúnen una vez a la semana en un local acondicionado como tal al que llaman *taller* para constatar que en él se dedican a trabajar.

La importancia de los trabajos que se celebran en las logias no depende de la fastuosidad de su decoración.

Muchas procuran limitar al máximo los adornos para no distraer la atención y poder concentrarse plenamente en el trabajo intelectual, que es el fin de los talleres.

En cada población de cierta importancia existe, como mínimo, una logia masónica que imparte los tres grados del simbolismo o masonería azul: Aprendiz, Compañero y Maestro. Cada una de estas logias está incorporada a una superior, cuyos límites de jurisdicción suelen corresponder a los del Estado en que se encuentra. Los funcionarios de estas grandes logias son elegidos democráticamente entre los maestros de todas las logias simbólicas de la jurisdicción y a ellos les concierne regular los asuntos que incumben a la agrupación.

Finalmente, dentro de cada país existe un organismo o confederación de grandes logias; y en el plano internacional otros organismos que preparan y realizan congresos regionales y mundiales para el estudio y resolución de los problemas generales de la orden; solamente pueden formular recomendaciones a las grandes logias.

La masonería azul, es decir, las logias simbólicas, constituyen el grueso del pueblo masón, y aunque existen otros cuerpos superiores que imparten los grados capitulares, filosófico y administrativo, hasta el último grado del rito escocés, que es el 33, existe una independencia completa entre la masonería azul y otros niveles de la masonería. Por tanto, los grados que otorga no tienen preponderancia en las logias simbólicas, donde no se reconoce otra categoría superior a la del maestro. La misma independencia existe con la relación que surge respecto a otros organismos colaterales, como las diversas órdenes de caballería (Templarios, Cruz de Constantino, etc.), órdenes juveniles (Asociación de Jóvenes Esperanza de la Fraternidad, De Molay, etc.) y femeninas

(Arco Iris, Estrella de Oriente, etc.). Estos organismos no forman parte de la orden masónica, aunque alguno de ellos fijen como requisito para ser admitido haber alcanzado ciertos grados masónicos. Pero son complementarios a la orden en los aspectos sociales, benéficos, educativos y de acción externa.

Las Logias Simbólicas se rigen a ellas mismas en todos sus asuntos internos, emplean para sus deliberaciones el orden parlamentario y toman sus decisiones en votaciones democráticas. Eligen periódicamente sus funciones y otorgan a los nuevos miembros los diversos grados a medida que los van mereciendo. Establecen sus reglamentos internos y le imprimen a sus trabajos y estudios el curso que consideran más conveniente; aunque van siempre con cuidado para no salirse de los principios generales de la Orden.

En resumen, la Logia Simbólica es la unidad orgánica de la Institución Masónica. Estas logias se congregan en Grandes Logias y pertenecen a algún Rito reconocido. Sobre estas divisiones de carácter administrativo se encuentra la unidad de los masones de todo el mundo, que se reconocen fraternalmente, se ayudan y trabajan de común acuerdo para conseguir las que consideran sus metas de progreso y bienestar de la humanidad, el deber que los masones se imponen a sí mismos.

Iniciación

Las enseñanzas masónicas están organizadas en ritos que se dividen en grados. Unos grupos tienen más grados que otros: el de York, por ejemplo, tiene diez, mientras el escocés tiene 33.

Respecto a los juramentos, para cada grado hay un juramento específico con las promesas evangélicas. En realidad, el masón jura no revelar cosas que todavía no conoce.

El ritual de iniciación se realiza de la siguiente manera: para el primer grado, el de aprendiz, se le vendan los ojos y se le viste de manera especial. Entonces se le conduce a la puerta del templo, donde él afirma que es un profano que se está allegando a la luz de la masonería. El resto de rituales indicado para cada grado se suceden de forma semejante a éste.

Como símbolos se utilizan mucho los instrumentos del albañil y del arquitecto, así como los que usaban los sacerdotes del Antiguo Testamento. El delta es un triángulo que tiene en el centro un ojo que representa los atributos de la divinidad y se encuentra encima del trono del venerable Maestro; entre el sol y la luna, que representan las fuerzas del Sumo Creador. La escuadra representa la mortalidad; el nivel, la igualdad, y la plomada la rectitud.

En lo que respecta al culto, el segundo código masónico dice que el verdadero culto a Dios consiste en las buenas obras. En el ritual empleado para el candidato a Maestro Masón, el grado 3, el venerable abre y cierra el trabajo en nombre de Dios y de un patrono. Los masones oran a menudo, pero sus oraciones no las hacen en nombre de un dios.

Para los funerales hacen una ceremonia en la logia sin la presencia del cuerpo del fallecido, otra en una iglesia o residencia y una última en el cementerio. En todas ellas se enfatiza la salvación por las obras y se afirma que el fallecido está pasando de la logia terrestre a la celestial. Esta manera de actuar se basa en que consideran que el fallecido está salvo por pertenecer a su Orden.

Léxico masónico

Uno de los factores que más sorprende a quienes se acercan a la masonería o la estudian es su léxico. La Orden utiliza un vocabulario propio heredado de la masonería operativa; palabras cuyo significado dentro de la Orden difiere del que tienen fuera de ella. En otros casos se trata de palabras que sólo tienen sentido en la masonería o son resultado de una mala traducción de otro idioma.

Estas son algunas de las palabras más significativas:

Ágape: designa a la comida o cena que se celebra, en ocasiones, al término de las «tenidas» (*ver definición más adelante*).

Aprendiz: es el primer grado de la masonería simbólica.

Compañero: segundo grado de la masonería simbólica.

Consejo de la Orden: comité de gestión y gobierno de los Grandes Orientes, máximo órgano ejecutivo entre asambleas generales.

Convento: se trata de una mala traducción del francés. Muchos masones denominan convento a las convenciones periódicas de las asambleas generales. Por lo tanto, no guarda relación con el significado habitual del término. Sin embargo, esta palabra es de uso generalizado y comúnmente aceptado.

Hermano: cada uno de los miembros de la masonería.

GADU: es el Gran Arquitecto del Universo, un concepto de libre interpretación según la fe individual de cada masón, que designa al principio generador del universo. Algunas obediencias masónicas interpretan que el concepto de GADU tiene que estar intrínsecamente unido a una fe religiosa mínima que reconozca que existe un principio inteligente y absoluto que rige el universo.

Este reconocimiento sería básico para admitir a un candidato. Otras, sin embargo, basándose en el derecho a la libre interpretación ni siquiera se cuestionan este punto ni dentro de la logia ni en el momento de admitir un candidato.

Gran Maestro: es el presidente electo de la Obediencia; y según de la que se trate el cargo puede durar entre uno y cinco años. El sistema de elección varía de una Obediencia a otra.

Logia: se designa como logia el local donde se realizan las tenidas y también cada una de las asambleas de Masones con estructura propia. Las dos acepciones son correctas y se utilizan habitualmente.

Maestro: es el tercer y último grado de la masonería simbólica.

Obediencia: es la Federación de Logias Masónicas. Este concepto no implica en ningún caso el concepto normal del término; es decir, no tiene relación con el verbo obedecer. Las Obediencias están organizadas como Grandes logias o Grandes orientes. Las diferencias entre ambas formas organizativas son pocas pero importantes:

— Las Grandes Logias están dirigidas por unos cargos electos que a su vez se constituyen en logia (gran logia) de la que emanan las directrices organizativas. Suelen tener los períodos electivos más largos.

— Los Grandes Orientes están dirigidos por un «consejo de la Orden» elegido por la asamblea general cuyas decisiones deben ser ratificadas por la asamblea mediante el sistema una logia = un voto. Suelen tener períodos de vigencia de un año.

Orden: es la masonería en general, sin distinción de Obediencia o Logia.

Profano: es toda persona, situación o actitud que no pertenece a la masonería.

Rito: designa el protocolo de las tenidas.

Taller: es el local donde se reúnen las logias para sus tenidas. También se define como taller al conjunto de los miembros de una logia. En principio, logia y taller serían sinónimas.

Tenida: define la reunión de una asamblea masónica.

Triángulo: es la entidad mínima de la asamblea masónica. Constan como mínimo de tres miembros y son el embrión de una nueva logia.

Miembros ilustres de la masonería

La masonería ha logrado interesar a algunos personajes importantes en la Historia que se sintieron atraídos por sus enseñanzas, ritos y costumbres.

Federico II de Prusia perteneció a la Orden, igual que los reyes Guillermo I de Prusia, Federico VII de Dinamarca, Eduardo VII, Eduardo VIII, Jorge VI (los tres de Inglaterra) y Óscar II y Gustavo V, ambos reyes de Suecia.

Napoleón Bonaparte no sólo tenía interés por la Orden sino que se rodeó de masones célebres como el mariscal Michel Ney o el Duque de Otranto. Curiosamente, el hombre que lo derrotó en la batalla de Waterloo, el duque de Wellington, también era masón. Igual que el primer ministro inglés Winston Churchill, que ha pasado a la historia como un gran estadista.

Un gran número de presidentes norteamericanos ha pertenecido igualmente a la Orden masónica, desde George Washington a Gerald Ford, pasando por Theodore Roosevelt, Franklin Delano Roosevelt, Benjamin Franklin o Harry Truman.

El fundador del FBI, Edgar Hoover, también pertenecía a la masonería, así como los astronautas John Glenn y Neil Armstrong y el primer aviador que cruzó el Atlántico, Charles Lindberg.

Entre los inventores más destacados de la historia podemos encontrar miembros de la masonería como los hermanos Wilbur y Orville Wright, padres de la aviación, George Pullman, que construyó el primer vagón-cama de los trenes, Franz Anton Mesmer, fundador del hipnotismo, el doctor Edward Jenner, descubridor de la vacuna, Sir Alexander Fleming, padre de la penicilina, o Henry Ford, creador del automóvil moderno.

Entre los músicos influyentes que pertenecieron a la sociedad masónica se encuentran desde J. S. Bach, Beethoven, Haydn y Mozart hasta personajes más recientes como Louis Armstrong o Duke Ellington.

Grandes escritores también han engrosado sus filas: entre ellos algún premio Nobel como Rudyard Kipling, además de figuras de la talla de William Shakespeare, Sir Arthur Conan Doyle, Goethe, Choderlot de Laclos o Jonathan Swift.

Otras personalidades que han pertenecido a la Orden son el seductor Giacomo Casanova, el cineasta Cecil B. de Mille, el cantante Nat King Cole, los actores Clark Gable y John Wayne, el escapista Houdini o el Aga Khan III.

Sociedades derivadas

La masonería es probablemente la sociedad secreta que más ramificaciones posee, y de ellas muchas han conseguido autonomía propia convirtiéndose en órdenes con sus normas específicas e importancia. Pero lo que dificulta el hecho de dilucidar qué sociedades derivan de la masonería es que, como explicábamos anteriormente, ésta se escindió y ha dado lugar a multitud de logias. De ahí que no hablemos de la cantidad de logias masónicas que existen y analicemos a continuación dos sociedades secretas que han adquirido gran importancia a lo largo que la historia y que los expertos consideran herederas de la masonería.

— *Masonería Egipcia de Rito Egipcio (Memphis-Misraïm):* se constituyó en el año 1785 y su creador fue el Conde Alessandro de Cagliostro, nacido en Túnez en 1749. Fue iniciado en los secretos de la masonería egipcia por el misterioso maestro Altothas en 1776, año de fundación de la Orden Illuminati. De hecho, Cagliostro también se encontraba entre sus creadores, aunque fuera desde la sombra.

De esta orden masónica descienden los ritos de Memphis y Misraïm. Entre 1810 y 1813 en la ciudad de Nápoles los tres hermanos Bédarride, Michel, Marc y Joseph, recibieron los Poderes Supremos de la Orden de Misraïm y desarrollaron el Rito de Misraïm en Francia, que se hizo oficial en París en 1814. El rito se compuso de noventa grados tomados de corrientes masónicas y los últimos cuatro grados se denominaron *Arcana Arcanorum*.

En 1815 se constituyó la Logia Madre del Rito de Memphis bajo la dirección del Gran Maestro Samuel Honis. Esta sociedad fue una continuación de los antiguos Misterios practicados en la Antigüedad en la India y en Egipto.

El año 1881 el general italiano Giuseppe Garibaldi unificó los ritos de Memphis y Misraïm y se convirtió en jefe de ambos. Tras su muerte los ritos entraron en un período oscuro hasta que en 1890 se confederaron varias logias de ambos ritos y apareció el de Memphis-Misraïm.

Los miembros de este rito abogan por el respeto de los valores humanos y la tolerancia. Tienen una orientación espiritualista y deísta y la vocación de conservar y transmitir la reflexión filosófica y los símbolos del antiguo Egipto, así como de las diferentes corrientes que han marcado la civilización como la gnóstica, cabalística o templaria.

A sus seguidores se les enseña el significado de los símbolos de forma que, según sus palabras, «tallan su piedra» para afinar sus percepciones y desarrollar el discernimiento.

— *La Golden Dawn:* fue fundada por Samuel Mathers en Inglaterra en el año 1887. Mathers creía estar en relación con los «Superiores Desconocidos» y haber entablado contacto con ellos en compañía de su madre, hermana del filósofo Henri Bergson.

La *Golden Dawn*, conocida en castellano como «Aurora dorada», tiene por objeto la práctica de la magia ceremonial, el ocultismo y las iniciaciones dentro de distintas logias masónicas con el fin de obtener poderes y conocimientos secretos. Sus jefes primigenios fueron Woodman, Mathers y Wynn Westcott, que hicieron que la *Golden Dawn* mantuviera contactos con miembros del Movimiento Antroposófico de Rudolf Steiner y otros movimientos influyentes del período pre-nazi.

Tras la muerte de Woodman y la retirada de Westcott, Mathers fue el gran maestro de la Orden, que dirigió un tiempo desde París donde acababa de casarse con la hija de Bergson (es decir, con su prima).

A pesar de que Samuel Mathers dirigiera la organización, el personaje fundamental en la sociedad, de la que el propio Mathers había recibido sus atribuciones era una misteriosa alemana llamada Ana Sprengel, de la que hablaban como si fuera la poseedora del secreto de los procedimientos de la sociedad y de sus poderes últimos que permitían el contacto con los Superiores Desconocidos; es decir, las Inteligencias Exteriores, los Grandes Señores de identidad interestelar que habitaban más allá de los límites de nuestro mundo.

Mathers fue posteriormente sustituido como jefe de la sociedad por el poeta W.B. Yeats, que tiempo después recibiría el premio Nobel. Yeats presidía las sesiones vistiendo el *kilt* escocés, con un antifaz negro y un puñal de oro al cinto.

A esta sociedad pertenecieron otros personajes influyentes como Florence Farr, directora teatral y amiga íntima de Bernard Shaw, Sir Gerald Kelly, presidente de la Royal Academy y numerosos escritores como Bram Stoker, Hermann Hesse, etc.

Los rosacruces

Estas sociedades semisecretas están relacionadas con la masonería, se presentan a menudo como cristianas y actúan de forma discreta pero constante en casi todo el mundo. Es una de las entidades más numerosas, ya que cuenta con cerca de seis millones de adeptos y niega tener un carácter religioso; pregonan un mensaje de paz y espiritualidad y prometen desarrollar las potencialidades de las personas.

Historia

Los orígenes de esta secta se remontan a cuando Napoleón Bonaparte intentó conquistar Egipto. La expedición constituyó un fracaso desde el punto de vista militar y político, pero hizo que el país fuera conocido por los historiadores y geógrafos del planeta. Muchos viajeros se afiliaron entonces a logias masónicas fascinadas por los ritos y la cultura egipcia, como es el caso de la Orden Rosa Cruz, conocida desde entonces por su presencia habitual en los medios de comunicación. Sus miembros defienden que los primeros rosacruces datan del Egipto faraónico y que sus lugares de reunión eran las cámaras secretas de las pirámides, donde se realizaban los ritos en tiempos del faraón Akhenatón.

La «rosacruz» primigenia es según sus defensores una sociedad secreta integrada únicamente por doce miembros y fundada por un personaje legendario, Christian Rosenkreutz, que poseía lo que ellos denominan «sabiduría eterna». Esta orden cultiva varias ciencias herméticas, sobre todo la alquimia y la gnosis divina, además de velar, como decíamos antes, por la paz mundial desde la total discreción.

Se manifiesta en ciclos temporales precisos y se reactiva cada 108 años; permaneciendo de forma activa e inactiva en períodos de la misma duración.

Fue en el año 1614 cuando empezó a desvelarse mediante tres escritos fundamentales: *Fama fraternatis, Confessio* y *Las bodas alquímicas de Christian Rosenkreutz*. Estos textos se atribuyen al pastor protestante Johan Valentín Andreae, que los escribió por puro entretenimiento para conseguir cierta unidad de los protestantes frente al Papado y los Habsburgo. El primer texto, *Fama fraternatis,* describe la situación que vivía Europa en esa época y propone una «ciencia espiritual universal» para superar sus divisiones. *Confessio* auguraba la próxima revelación del sentido verdadero de la Biblia y el tercer texto, *Las bodas alquímicas de Christian Rosenkreutz,* narra el viaje iniciático de su fundador.

Estas obras tuvieron mucho éxito tras su publicación, especialmente en Alemania, y generaron diversos textos de respuesta.

En el siglo XIX se manifestó de nuevo a través de una serie de grupos que operaban en Francia. La última vez que aparecieron fue a principios del siglo XX, iniciando su ciclo actual.

No disponemos, como es lógico, de ningún documento o indicio histórico de la fundación de esta sociedad secreta ni de su fundador, Christian Rosenkreutz. Dicen los miembros de la sociedad que viajó a Oriente y al llegar a la ciudad simbólica de Damcar fue recibido por sus sabios, que le transmitieron sus secretos los cuales desarrolló y mejoró después de años de estudio del *Liber Mundi*, en el que se pueden desentrañar los misterios más profundos de la naturaleza. Entonces regresó a Europa y se dirigió a tierras de Germania (que significa simbólicamente «Tierra de la Hermandad») y estableció la primera Casa del Espíritu Santo. Allí les transmitió a sus discípulos y sucesores la sabiduría que había adquirido para que la expandieran por el mundo; y al fallecer fue enterrado en una tumba desconocida por todos, tal y como marcan las reglas de la Hermandad.

Uno de los Hermanos, sin embargo, descubrió la tumba del Maestro cuando estaba haciendo obras de reforma en la Casa del Espíritu Santo, y pudo restablecer la Orden gracias a los documentos que encontró y a la misma construcción de la tumba.

Según algunos autores, la masonería sería en realidad una escisión de los rosacruces, cosa que los masones no aceptan. Sin embargo, resulta indudable que las influencias de los dos movimientos han sido mutuas: la organización en grados, el secreto, parte de su doctrina o algunos ritos así lo demuestran. Ambos surgen en el mismo ámbito cultural y filosófico de la modernidad. Además, podemos encontrar ideas gnósticas y herméticas que afloran periódicamente desde los primeros siglos del cristianismo y enlazan con los primeros textos rosacruces y algunos ámbitos de la masonería.

Los rosacruces alcanzaron su mayor expansión en el siglo XVIII, y entre sus más célebres adeptos se encuentran Descartes, Newton, Víctor Hugo, Goethe, Spinoza o Leonardo da Vinci. Francia y Alemania fueron los países donde gozaron de mayor reconocimiento y a su alrededor surgieron otras sociedades ocultas semisecretas como el «martinismo».

En el siglo XIX otras personalidades y entidades recogieron el testigo y se agruparon en torno a organizaciones entre las que destacan: la Orden Cabalística de la Rosacruz, fundada en París en 1888 por Marie Víctor Stanislas de Guaita, cuyo objetivo era el estudio de los clásicos del ocultismo. Desapareció al morir sus fundadores, pero son muchos los rosacruces que rastrean sus huellas por Internet, ya que se sospecha que podría seguir estando operativa.

Otra entidad destacada es la Orden Católica Rosacruz del Templo y del Grial, fundada por Joseph Péladan y que desapareció tras la muerte de éste en 1918.

La Sociedad Rosacruciana en Inglaterra fue fundada en 1867 por Pascal Beverly Randolph, autor de una interpretación mágica y ocultista de la sexualidad.

Aleister Crowley, uno de los ocultistas más conocidos y controvertidos, también fue vinculado a los rosacruces a través de la célebre sociedad secreta ocultista Alba Dorada, fundada en 1887.

Finalmente, en el siglo XX surgieron diversas corrientes esotéricas vinculadas a los rosacruces como la Sociedad Teosófica, las masonerías de rito oriental o egipcio o la Antroposofía.

Doctrina de los rosacruces

Los rosacruces son, según algunos expertos, un brote de la herejía gnóstica, que se caracteriza por seguir una serie de doctrinas con una aparente base científica que se atribuyen la clave de numerosos secretos humanos y divinos. Se basan en la concepción de las ideas del Platonismo, en diversos principios ascéticos y en un misticismo exagerado de las concepciones cosmogónicas de la India y Egipto junto a un cúmulo de ideas religiosas y una serie de ideas cristianas como la Redención. En otras palabras, proponen una síntesis del conocimiento de la naturaleza, el secreto de las fuerzas cósmicas, del tiempo y del espacio y de los poderes místicos de las religiones de Egipto, Babilonia, Grecia y Roma.

Sus creencias se basan en los siguientes principios:

— *Un dios impersonal:* creen en una inteligencia cósmica que sube y baja a través de la mente humana creando una sabiduría que puede llevar a los hombres a la realización personal. Es el panteísmo de los gnósticos bajo otras formas.

— *Reencarnación:* es una de las verdades básicas de todas las sectas rosacruces. La salvación es la liberación del alma de sucesivas reencarnaciones. No hay trasmigración de almas animales, sino que la gente se encarna en mejores personas, progresando siempre hacia la total liberación o salvación. La preexistencia es para ellos un principio cardinal, creen que quienes han vivido en la tierra una existencia anterior tienen expresiones y movimientos que sugieren una paz, tranquilidad y armonía de las que no disfrutan los que acaban de iniciar su vida en el planeta.

— *Práctica de la alquimia:* entendida en un sentido psicológico o espiritual o en su sentido físico tradicional.

— *Astrología:* es también practicada por sus miembros.

— *Autoayuda:* utilizan estas técnicas como parte del proceso de realización personal.

— *Carácter de las organizaciones:* salvo excepciones, no se consideran sociedades religiosas, y en ningún caso dicen tener fines políticos o lucrativos.

— *Iniciación:* el conocimiento rosacruz se adquiere a través de los estudios, que se realizan por correspondencia. Las ceremonias iniciáticas están estructuradas en grados de superación sucesiva que se alcanzan de forma casi automática.

— *Fundador:* en el origen de cada orden aparece la figura de un fundador carismático que actúa como intermediario privilegiado entre una élite humana y los planos o seres superiores de los que procede el verdadero conocimiento.

Organización

Respecto a su organización, cada jurisdicción está a las órdenes de un «Imperator» que cuenta con el consejo de un Supremo Concilio y da cartas de constitución a las logias y los capítulos mediante el nombramiento de un alto oficial como miembro del Concilio Internacional Rosacruz. Este organismo constituye el poder supremo de la organización mundial. La Antigua y Mística Orden Rosa Cruz, la más importante, está dirigida por un Consejo Supremo integrado por los Grandes Maestros de todas las jurisdicciones territoriales. El Imperator es el presidente de este Consejo y su máximo líder y autoridad. En la actualidad se trata de un cargo elegido periódicamente.

La organización no reconoce tener relación con ninguna otra fraternidad, aunque existe un grado en el rito escocés de la Masonería llamado Rosacruz.

Ceremonias de iniciación

Las enseñanzas rosacruces se estructuran en grados, y para alcanzar el conocimiento de cada uno de ellos hay que realizar una monografía especial ligada a un ritual de iniciación que el miembro efectúa en su casa. Los miembros también pueden mantener, si lo desean y tienen recursos para ello en su hogar, un lugar especialmente dedicado al estudio y a la meditación, simbólicamente decorado y denominado «Oratorio Rosacruz».

Además de esta iniciación personal, el aspirante a entrar en la sociedad puede dirigirse si lo desea a una de las Logias rosacruces y participar en una ceremonia colectiva. Esta celebración ritual constituye para el nuevo miembro una preparación simbólica al grado que está a punto de estudiar. En las logias locales es donde se perpetúa el aspecto oral de la tradición rosacruz, a través de las ceremonias de iniciación de cada grado.

La ceremonia, que reagrupa a varios candidatos y se realiza siguiendo todas las directrices tradicionales de la Logia, que se han realizado desde sus inicios, está inspirada en los ritos que se efectuaban en las Escuelas de los Misterios de la antigüedad. En estas ceremonias simbólicas se realiza la iniciación a los diferentes grados de la Orden y los asistentes se visten con mandiles e insignias propios del grado que han alcanzado en un entorno decorado con los signos propios de los rosacruces. El propósito de estas iniciaciones es permitir que sus miembros tomen mayor conciencia de su dimensión espiritual. El desarrollo personal se adquiere conforme se progresa en los nueve grados iniciales: después de la fase de preparación se pasa al grado de postulante, después al de neófito (que consta de tres grados) y posteriormente se llega a la fase de Estudios, que corresponde a los iniciados. Cuando se superan estos grados y ya se está «iluminado» se deben superar otros tres grados más.

Los estudiantes reciben cuatro monografías mensuales que deben aprender vestidos con un mandil y en un lugar de su casa especialmente dedicado para ello con una decoración muy concreta: un espejo, una luz y un candelabro.

Los miembros se agrupan, según su número, en logias, capítulos y pronaos y se reúnen en templos decorados con motivos egipcios. Tienen la oportunidad de agruparse, pero es fundamental señalar que en la Orden hay una libertad absoluta y no se obliga a sus adeptos a mantener contacto con otros miembros. La Orden sostiene que no tiene la necesidad de contar con multitud de miembros, sino que escogen cuidadosamente a aquellos que creen que tienen verdaderos deseos de mayor comprensión y sabiduría, los que aspiran de manera humilde y plenamente convencida a alcanzar la Luz interior. No importa la edad, raza, sexo, religión, ideas políticas o títulos y honores de los aspirantes, lo fundamental es que se consideren personas dignas de acceder a sus enseñanzas.

Los miembros de la Antigua y Mística Orden Rosa Cruz organizan periódicamente convencionales nacionales de las grandes jurisdicciones y otras de ámbito mundial. Disponen en la ciudad de San José, en el Estado de California, de la Universidad Rosacruz: un complejo arquitectónico integrado por diversos edificios de estética faraónica egipcia.

Para formar parte de la Orden hay que reunir una serie de condiciones: ser mayor de edad o contar con una autorización paterna y una solicitud por escrito. Una vez admitido por la Sede Central, la organización exige el pago de unas cuotas regulares para el mantenimiento de la Orden. El modo de acceder a la sociedad en la civilización tecnológica de hoy en día suele ser a través de Internet.

Es conveniente especificar que los rituales rosacruces no tienen nada que ver con prácticas mágicas o telúricas, que nunca han sido aprobadas por la sociedad. En realidad se opone firmemente a ellas, ya que la magia tiene sus raíces en la superstición, de la que consideran que es, bajo todas sus formas, fuente de fanatismo e ignorancia. Los rosacruces, por el contrario, sostienen que sus enseñanzas son una fuente de conocimiento y una vía de libertad. Su doctrina tiene como fin devolver al hombre lo que le pertenece por derecho: el conocimiento de las leyes divinas tal y como se manifiestan en el Universo, en la naturaleza y en el propio ser humano.

También hay que tener en cuenta que la iniciación rosacruz se hace en función de los esfuerzos que haga cada miembro en el estudio y aplicación de las enseñanzas de la sociedad. El fin último de éstas es alcanzar el estado Rosacruz, que se corresponde con el denominado «estado búdico» en las religiones orientales, el estado de máxima plenitud y conocimiento según la organización.

Organizaciones derivadas

Las organizaciones derivadas de la Rosacruz, que afirman poseer su identidad como continuadoras de la esencia de la sociedad son muy numerosas. Acostumbran a nacer por el impulso de una figura carismática que se considera capaz de iniciar un nuevo ciclo de la orden y generar una nueva escuela.

Estas son las más importantes:

— *Orden Rosacruz:* es la única creada en España, se formó el 6 de enero de 1988 impulsada por un antiguo alto cargo de la Antigua y Mística Orden Rosa Cruz, que sigue siendo su Imperator.

Su Sede Soberana Mundial está en Las Palmas de Gran Canaria, desde la que ha iniciado una discreta expansión por otros países, especialmente en Hispanoamérica. Ha conseguido propagarse gracias a que sus páginas *web* son las más completas sobre la orden rosacruz que se pueden encontrar y a que han hecho pequeñas campañas publicitarias en los medios de comunicación.

Esta organización tiene muchos paralelismos con la entidad rosacruz más extendida, la Antigua y Mística Orden Rosa Cruz, en cuanto a temáticas y método de enseñanza entre otras cosas. Sin embargo, no tienen la simbología egipcia que caracteriza a la orden americana.

Sus ciclos son igualmente de 108 años y como la Antigua y Mística Orden Rosa Cruz afirman que no se trata de una religión, que no se relacionan con ningún partido político y que no tienen ánimo de lucro.

Las enseñanzas de la Orden Rosacruz pretenden desarrollar las potencialidades del hombre y se imparten por correspondencia con una media de cuatro lecciones prácticas mensuales.

En las ciudades donde existen logias de esta orden sus miembros pueden participar en las ceremonias iniciáticas, que se dividen en grados a los que corresponden determinados mandiles e insignias. Estos símbolos, así como algunos de los términos que utilizan nos recuerdan inevitablemente a la masonería.

— *Lectorium Rosicrucianum:* Esta sociedad, también conocida como Rosacruz Moderna, invita a descubrir en cada persona la «Rosa del Corazón», gracias a la cual el hombre se puede volver hacia lo absoluto. Catarismo, rosacruz y grial se fundirían entonces en un nuevo impulso cristiano.

Sus seguidores sostienen que la «Corriente Universal de Cristo» se muestra en impulsos de Fuerza de Luz que, como una respiración cósmica, desciende a nuestro campo de vida terrestre. Entonces se manifiesta a través de grandes enviados: Rama, Khrisna, Hermes, Buda, Pitágoras, Zoroastro, Sócrates y el más importante de todos: Cristo. Todo ello constituye un conjunto de creencias de carácter gnóstico.

Esta orden es una Escuela de Misterios que tiene como objetivo mostrar al candidato el camino para unirse con la Fuerza del Amor Universal y contribuir así a la liberación de toda la humanidad.

Sus miembros piensan que Cristo es una fuerza ilimitada, presente en todas partes y en todas las épocas, que ofreció a los hombres la posibilidad de realizar en su propio ser el proceso de transfiguración. Es el Espíritu del planeta, de ahí que la vía de la transfiguración se concrete en actos reales. Según estos rosacruces, si Jesús de Nazaret se transformó en Cristo todos podemos despertar a la vida verdadera por la Fuerza de Cristo que actúa en nosotros.

Esta organización manifiesta atracción por la herejía medieval cátara y tiene como objeto vivificar lo que denominan el «Triple Templo Divino Original», que aporta a los hombres la Religión Original, Real y Sacerdotal, la Ciencia Original y el Arte Original de la Construcción.

Los «rosacruces modernos» no desarrollan ningún culto hacia sus fundadores. La Dirección Espiritual Internacional está formada por un colegio de doce miembros que tiene varias direcciones nacionales de seis personas cada una.

El proceso de conocimiento de esta orden está estructurado en siete escalones. Después de asistir a un curso de orientación se puede acceder a la condición de simpatizante o alumno. Para el estudiante se organizan cursos de duración anual.

Para progresar de un grado a otro se precisa un tiempo y asistir a las actividades que organiza la entidad. Sus miembros también se ven obligados a seguir unas estrictas normas dietéticas.

— *El Orden de Melquisedec:* su doctrina aúna los mitos clásicos rosacruces con otras tradiciones ocultistas; reinterpreta según el criterio de su fundador toda entidad relevante en el mundo de las sociedades esotéricas.

Sus textos son muy heterogéneos y tienen un lenguaje oscuro y unos conceptos cambiantes.

La doctrina de esta Orden está confeccionada a partir de un conjunto de creencias de base gnóstica, a las que se unen algunos de los supuestos contenidos de las primitivas religiones precolombinas.

— *Fraternidad Rosacruz de Max Heindel:* también se conoce como «Asociación Internacional de Místicos

Cristianos» ya que sus miembros consideran que es el verdadero cristianismo; eso sí, visto desde una perspectiva esotérica.

Según esta orden, Cristo transmitió sus enseñanzas en forma de parábolas pero el verdadero contenido de sus doctrinas, los misterios, se los explicó únicamente a sus discípulos.

Esta fraternidad fue fundada por Max Heindel (cuyo verdadero nombre era Carl Louis Grasshoff) en el año 1909 en la ciudad norteamericana de Seattle. Según Heindel, su verdadero inspirador fue un «Maestro» que se le apareció en varias ocasiones para transmitirle un conjunto de conocimientos que él se ocupa de difundir.

Esta entidad no tiene logias, sino templos. El principal se encuentra en la Oceanside, una ciudad del Estado de California, y tiene doce lados, uno por cada signo del zodíaco. Este detalle demuestra la gran importancia que conceden a la astrología.

El principal texto de la orden es *Concepto rosacruz del cosmos*, que defiende una concepción explícitamente maniquea según la cual el bien y el mal, el odio y el amor se encuentran en una lucha permanente.

A diferencia de otros grupos rosacruces, la fraternidad de Max Heindel cultiva la astrología y la quiromancia. Pretenden desarrollar la clarividencia, los viajes astrales, la bilocación y la sanación a distancia durante el sueño. Para ellos, la masonería ha perdido buena parte de su contenido ocultista y con ello el interés que tuvo en su momento.

Sus adeptos siguen una dieta vegetariana y no practican ceremonias de iniciación. Consideran que sólo se da en el nivel espiritual porque constituye una experiencia íntima y personal. A pesar de ello, tienen un sistema de nueve grados de los misterios menores y cuatro Grandes Iniciaciones.

Su doctrina enseña la relación del hombre con el Gran Arquitecto del Universo y con las doce Jerarquías de Seres Celestiales. Creen que el universo está dividido en siete planos cósmicos que evolucionan en siete épocas sucesivas. Por tanto, tienen una concepción cíclica del hombre y la historia, lo que implica que creen en la reencarnación.

El núcleo central de sus doctrinas se imparte, como otras fraternidades rosacruces, por correspondencia.

Max Heindel llegó a afirmar al final de sus días que su sociedad no era la verdadera Orden Rosacruz, sino una simple organización terrenal que algún día desaparecerá y podrá dar origen entonces a lo que consideran «algo más grande».

— *Instituto filosófico hermético:* fue fundado por Darío Salas Sommer en 1963, en la ciudad de Santiago de Chile. Darío Salas sostiene que los rosacruces son herederos de civilizaciones extraterrestres dotados de los conocimientos precisos para ayudar al hombre en su manifestación original y divina.

Los miembros de esta sociedad creen en la reencarnación y en la existencia histórica de Hermes.

Sus enseñanzas se estructuran en tres grados. Además de la gran importancia que le dan a la mente, los seguidores de la organización practican ejercicios de respiración, meditación, sanación, relajación y también ayunan.

Capítulo III
SOCIEDADES ISLÁMICAS

Todas las grandes religiones han dado lugar a escisiones que a su vez, en muchos casos, han provocado la proliferación de sociedades secretas. El Islam no es una excepción. El Corán ha sido interpretado de varias formas y ha dado pábulo a diferentes grupos que mantenían diferentes interpretaciones de estos textos sagrados.

La mayoría de las sociedades secretas islámicas tuvieron su momento de esplendor durante las Cruzadas y después fueron desapareciendo poco a poco. Sin embargo, sus principios influyeron a buena parte de las sociedades secretas cristianas y también sirvieron de embrión para grupos que siguen operando en la actualidad.

Seguramente, la religión que más sociedades secretas ✓ ha originado a lo largo de la historia es la de los ismaelitas, que pertenece a las llamadas sectas heréticas derivadas del Islam. A partir de estas creencias, se generaron una serie de movimientos secretos en muchos casos que defendían estos principios.

Por ello, para entender mejor la filosofía de estas sociedades, analizaremos primero las creencias islamistas y posteriormente nos adentraremos en la explicación de las sociedades secretas que siguieron estos principios.

Los ismaelitas

La diferencia básica entre los ismaelitas y el resto de creyentes islámicos es que añaden un profeta a la lista que aparece en el Corán. Así, reconocen a Adán, Noé, Abraham, Moisés, Jesús y Mahoma, pero suman un séptimo nombre de igual importancia a la lista: el imán Ismail Ibn-Giafar.

Los chiítas imanitas, por ejemplo, excluyen a Ismail de la lista de imanes y continúan la enumeración con el hermano menor de Ismail, Musa. La causa es que Ismail fue sorprendido bebiendo vino, lo que iba en contra de las prohibiciones del Corán y por ello fue apartado de la lista de imanes. Ismail se opuso a esta sanción y en el año 760 fundó «La orden de los Ismaelitas». Su doctrina se basó, principalmente en desvelar todos los símbolos ocultos en el Corán. De hecho, su teoría se ha comparado en muchas ocasiones a la cábala judía.

En todo este simbolismo, el número 7 jugaba un papel muy destacado por lo que también eran llamados los septimanes (*sabiyya*). Por una parte, Ismail era el séptimo profeta y por otra los iniciados en esta doctrina tenían que superar siete grados sucesivos. Estas pruebas demuestran que los ismaelitas constituyeron una religión de iniciados, por lo que posteriormente sería muy fácil que este modelo desembocara en diferentes sociedades secretas.

La secta ismaelita fue creada en Siria por el persa Abdalá en el año 863. Se incorporaron algunas filosofías gnósticas. Además, los ismaelitas le otorgan poderes sobrehumanos al imán. Su interpretación del Corán viene directamente de la inspiración divina, por lo que debe ser aceptada unánimemente por todos sus seguidores.

Las sociedades secretas ismaelitas tuvieron unos siglos de gran esplendor, pero luego, poco a poco, fueron desapareciendo. Algunos teóricos consideran que fueron el embrión de algunas de las formaciones fanáticas que se han creado hoy en día alrededor del Corán.

Sin embargo, la creencia ismaelita no acabó cuando tocaron a su fin las sociedades secretas derivadas de su filosofía. En la actualidad, todavía cuentan con gran número de adeptos. Pese a que los sunnitas y chiítas detestan a los ismaelitas, estos han conseguido ganar gran representación en los últimos años.

Su líder, el Aga Khan, reside en la India y sus seguidores creen que tiene poderes espirituales y temporales. Desde la crisis del califato turco, el Aga Khan ha conseguido alzarse como líder de muchos musulmanes que disidían de la ortodoxia islámica.

Como se ha comentado, los ismaelitas tienen una estructura iniciática muy parecida a la que se da en la mayoría de las sociedades secretas. Por ello, no es de extrañar que con el devenir de los siglos se hayan originado varias sociedades secretas que bebían de las fuentes ismaelitas. A continuación estudiaremos las más importantes y las que más relevancia han tenido.

Los asesinos

Estamos ante una de las sociedades más importantes del Islam. Pero no sólo esto, se ha de tener en cuenta que esta agrupación influyó a órdenes tan importantes para el cristianismo como los templarios, que copiaron, prácticamente, su estructura.

Muchos creen que aunque «Los asesinos» desaparecieron hace siglos, sus prácticas se han mantenido y podrían ser el embrión de algunos grupos terroristas islámicos. Sin embargo, este punto no se ha podido confirmar y no deja de ser una suposición que mantienen muchos estudiosos del tema que nos concierne.

De todas formas, se ha de remarcar que existe muy poca documentación sobre esta temida sociedad secreta, ya que sus secretos se transmitían de forma oral.

Historia

Antes de adentrarnos en los orígenes de este grupo, es necesario hablar de su nombre. El terrible apelativo de «los asesinos» procede, seguramente, de un error. Los asesinos eran llamados *hashishíes* que significa «comedores de *hashish*». Otros creen que la palabra procede del persa *ashashins*. El error que les dejó el poco atractivo nombre de «asesinos» parece que se debe a Marco Polo. El veneciano fue el primero en hablar de la enigmática sociedad secreta y parece que confundió el término, por lo que se refirió a ellos como «los asesinos». Desde entonces, y también por méritos propios, como se verá más adelante, se han quedado con este nombre.

Esta sociedad secreta fue fundada a finales del siglo XI por Hassan-Ben-Sabbah, un persa natural de Jorosán. Su andadura personal empezó cuando se apoderó de la fortaleza de Alamut, al norte de Persia. Desde allí se proclamó a sí mismo *hudseht*, que significa encarnación del último imán. Consiguió un sinfín de adeptos que le pusieron el apodo de «el viejo de la montaña». Sus seguidores eran muy devotos y estaban narcotizados por cáñamo de la India, que tomaban a todas horas y formaba parte de sus rituales.

Los seguidores de Hassan obedecieron todas sus órdenes, conquistando numerosos castillos, tanto en Persia como en Siria. Hassan murió a la edad de noventa años, en el año 1124, pero la sociedad secreta que había formado siguió extendiéndose. Las batallas más encarnizadas las sostuvieron contra los templarios, que pugnaban por el dominio de varias plazas en Siria. En aquella época consiguieron incluso que éstos les pagaran un tributo.

Se cree que los templarios tuvieron contacto con los asesinos y se quedaron fascinados por la organización de su sociedad secreta. La mayoría de los estudiosos de las sociedades secretas consideran que la estructura templaria es una copia de la de los asesinos.

Sin embargo, el poder de esta sociedad secreta tocó a su fin en el siglo XIII. Los soberanos de Persia y Siria iniciaron ataques constantes hacia los castillos que habían conquistado.

Sus secretos y sus libros sagrados se perdieron definitivamente en esa época. La rendición total vino cuando el último *viejo de la montaña* capituló ante el mongol Gengis Khan. El terrible guerrero ajustició a casi todos los asesinos. Los pocos que pudieron sobrevivir, lo consiguieron huyendo a la India, donde perdieron su identidad y se fusionaron con el resto de grupos ismaelitas.

Doctrina

La doctrina de «los asesinos» se basaba, principalmente, en la gnosis, la cábala y la alquimia. Cuenta la leyenda que Hassan, el primer líder de la sociedad, construyó en el fuerte de Almont, una réplica del paraíso de Mahoma. Se trataba, según las descripciones de la época, de un lugar lúdico, lleno de drogas y de mujeres bonitas. Los asesinos que habían sido iniciados y que habían cumplido con una importante misión (normalmente asesinar a algún enemigo), podían pasar, a modo de premio, unas semanas en aquel paraíso.

La fortaleza de Almont estaba construida entre unas montañas escarpadas, por lo que resultaba casi inexpugnable. En este fuerte se encontraba un increíble observatorio astronómico, así como una de las bibliotecas más importantes de la antigüedad sobre ciencia y filosofía. Entre los libros que podían consultar los iniciados, abundaban los volúmenes gnósticos, cabalísticos y alquímicos.

Uno de los preceptos más importantes era proteger celosamente los secretos de la sociedad. Por ello, si algún miembro traicionaba aquel principio, era condenado a muerte. Algunos analistas mantienen que estas sentencias eran increíblemente sádicas y se convertían en macabros y sangrientos rituales en los que participaban todos los miembros de la sociedad.

Al igual que los templarios y que los masones, «los asesinos» también tenían grandes conocimientos de arquitectura que plasmaban en la construcción de los templos. Solían ser tallados en piedra y se llevaban a cabo en diferentes etapas para que ninguno de los participantes en la construcción conociera los secretos arquitectónicos que poseían.

La mayoría de templos seguían una forma octogonal, tal y como después hicieron también los caballeros templarios. La orientación, la ubicación y la simbología de estos edificios no era arbitraria. Buscaba aprovechar las fuerzas telúricas del planeta. Esta es una constante que se ha dado en todas las construcciones efectuadas por sociedades secretas, lo que hace pensar que todas evolucionaron de una misma teoría.

Muchos consideran que los druidas fueron los que trasmitieron estos conocimientos a las diferentes sociedades secretas que se crearon, pero tampoco se sabe si ellos consiguieron, a su vez, ese saber de otra religión anterior.

Sea como fuere, los estudios demuestran que todos los templos construidos por «los asesinos» están edificados en zonas especialmente energéticas de la Tierra. Su orientación también está pensada para atraer energía.

«Los asesinos» se organizaban en el *taouq*, que era una especie de gremio de constructores. En sus estatutos señalaban: «Allá donde construyáis grandes edificios, practicad los signos de reconocimiento». Por lo tanto, al igual que después hicieron los masones, imprimieron los símbolos esotéricos en los que creían en el interior de sus construcciones.

«Los asesinos» creían que la dualidad eran las dos partes de una misma cosa. Por lo tanto, no se podía distinguir entre el bien y el mal, puesto que uno no existía sin el otro. Por ello, el buen comportamiento se basa, simplemente, en seguir los designios del imán, que es el representante de Alá en la Tierra.

Organización

La estructura de esta sociedad secreta fue copiada por los templarios y resultó ser una de las más empleadas en la mayoría de sociedades secretas. Cuando uno entraba a formar parte de la organización era un *Lassik*, es decir, una especie de sirviente de todos los miembros de la agrupación. Si progresaba, conseguía el rango de *Fidavi*, que solían ser una especie de escuderos que hacían los trabajos sucios de la siguiente casta. Los *Refik* eran los caballeros que iban a la guerra y cometían los asesinatos ordenados por el jerarca de la sociedad. Si salían airosos de sus misiones y aprendían los secretos de la sociedad, llegaban a ser *Dais*, que venían a ser consejeros del «Viejo de la Montaña». Éste era el cargo máximo y sus decisiones tenían que ser obedecidas por todos sus seguidores.

El Viejo de la Montaña se dedicaba al estudio de los libros sagrados y a la vez era el líder político y militar de la sociedad. Su poder era absoluto e incuestionable, puesto que provenía directamente de Alá. Él poseía el conocimiento absoluto al que todos los miembros de la sociedad aspiraban.

Se trata, pues, de una organización típicamente piramidal. Los secretos de la cábala, la gnosis, la alquimia y la construcción eran revelados paulatinamente. El iniciado tenía que superar una serie de pruebas para acceder a un nuevo rango que le permitiría conocer nuevos secretos. Ése era el camino para su realización personal y su salvación.

De esta forma, es imposible dudar del poder del dirigente. El seguidor sabe que ignora muchas cosas que sus superiores conocen y por lo tanto no tiene argumentos para poder contradecir sus órdenes.

Los asesinos tenían ropas que les identificaban como miembros de la sociedad. Solían llevar capas blancas con un distintivo en rojo: la petrina, que tenía gran simbología esotérica. Como se puede deducir, este «uniforme» fue también copiado por los caballeros templarios que sustituyeron la petrina por la cruz.

Iniciación

Poco se sabe de los métodos de selección que llevaban a cabo «los asesinos». No hay constancia escrita de ninguno y los tratados que hablan de ellos se centran en sus actuaciones, pero poco explican sobre la forma en que reclutaban a sus adeptos.

Este secretismo se debe a una de las imposiciones de la sociedad: nadie debía revelar ningún secreto sobre el funcionamiento de la misma. Las acciones de «los asesinos» han servido para identificar buena parte de sus prácticas, pero es difícil saber de qué modo seleccionaban a sus miembros, puesto que era una cuestión de índole interna.

La mayoría de los estudiosos cree que no había un criterio demasiado rígido. De hecho, las sociedades piramidales se aguantan en la base, es decir, en el estrato más bajo de sus seguidores. Por ello, no suelen ser especialmente selectivas. Acogen a todo aquel que sea capaz de seguir sus órdenes.

En cambio, ascender en esta pirámide resulta más duro y es ahí donde se lleva a cabo el verdadero proceso de selección. Muy pocos son los que pueden acceder a estamentos superiores. Por lo tanto, no parece especialmente importante barrar la entrada a nuevos adeptos.

Se cree que durante la época de esplendor de esta sociedad secreta, muchos fueron los que se suscribieron a la misma. Los botines y las recompensas debían ser el primer reclamo, tal vez por encima, incluso, de la sabiduría que descubrirían.

En cambio, cuando la sociedad inició su declive, cada vez fueron menos los adeptos que se acercaron a ella. Sin embargo, se cree que en esta época los seguidores eran mucho más fanáticos, puesto que no estaban movidos por las riquezas que pudieran conseguir al amparo de la sociedad, sino por la fe que profesaban hacia ella.

También parece ser que «los asesinos» captaban a algunos miembros que les resultaban especialmente interesantes. Se trataba de científicos y filósofos a los que les ofrecían su amplia biblioteca para efectuar todos los estudios que quisieran. No obstante, antes debían demostrar su fidelidad a la organización y seguir todos los pasos marcados. De todas formas, se cree que en estos casos el ascenso resultaba más fácil y rápido.

Los drusos

Esta escisión es los ismaelitas empezó como una sociedad secreta. Sin embargo, con el tiempo, se ha constituido como una secta del Islam con autonomía cultural, religiosa y social.

Éste es un caso típico de evolución de una sociedad secreta basada en creencias religiosas que finalmente se acaba convirtiendo en secta. Y aquí, el término secta no tiene una acepción peyorativa. Se trata, simplemente, de un culto derivado de una gran religión que cuenta con un número más o menos estable de seguidores, aunque minoritario. Es decir, que nunca llegan a superar el número de adeptos de la religión de la cual se han escindido.

En Israel viven en la actualidad 800.000 drusos que pueblan el norte del país. Son considerados ciudadanos de segunda y su bajo nivel económico impide que puedan llevar a sus hijos a la universidad. Los otros asentamientos destacables de drusos están en Siria (donde constituyen el 7,1 por ciento de la población) y en Jordania (donde son el 3 por ciento).

Los drusos fueron siempre un pueblo muy guerrero que protagonizó múltiples conflictos. En 1860 persiguieron implacablemente a los maronitas, una secta cristiana. Éstos pidieron ayuda a los franceses para que les defendieran de la matanza. El ataque galo provocó que muchos emigraran a otras zonas.

Los drusos siguen exigiendo en la actualidad la independencia de los territorios de Siria en los que habitan. Han protagonizado sucesivos levantamientos armados para conseguir sus reivindicaciones.

Historia

Los fundadores de esta sociedad secreta que estaba destinada a convertirse en una religión minoritaria fueron el sexto jalifa fatimita de Egipto, Hakem, y su consejero, el persa Hamza. Corría el siglo XI y la sociedad se expandió rápidamente por el Líbano.

Aprovechando el sustrato de las creencias ismaelitas, que otorgan un poder casi divino al imán, Hakem se presentó a sí mismo como la representación de Alá en la Tierra. Dejó crecer sus cabellos, se puso un hábito de lana y cabalgó por todos los pueblos a lomos de un asno. Todos estos detalles estaban repletos de un gran simbolismo para sus seguidores.

Hamza fue su portavoz oficial y el que se encargó de sistematizar toda la doctrina del maestro. Este visir consiguió convertir a buena parte de los habitantes del sur de Damasco y el Líbano.

Al-Darazi fue el que con su nombre dio origen a la palabra druso. Era un pariente de Hakem que consiguió «evangelizar» Siria. Sin embargo, fue condenado a muerte por sus propios seguidores que consideraron que había intentado suplantar a Hamza.

Doctrina

Los preceptos de los drusos están recogidos en su libro sagrado *Kitab-al-Hikmat* que significa «Libro de la Sabiduría». Este libro se ha guardado y puede ser consultado por los estudiosos, con lo que se demuestra que ha dejado de ser una sociedad secreta. Sin embargo, en sus orígenes, sólo podía ser consultado por los iniciados.

En la actualidad, los otros tres libros sagrados sólo pueden ser estudiados por comisiones secretas que analizan los textos y acceden a un conocimiento superior. En este tipo de organización se nota la influencia que tuvo el carácter de sociedad secreta.

En el Libro de la Sabiduría se explica que sólo hay un Dios, Alá, que se ha encarnado en varios profetas a lo largo de los siglos. La última vez que fue visible se encarnó en la persona de Hakem, el fundador de la organización.

Hakem, según explican las sagradas escrituras drusas, no murió, si no que desapareció. Cuando llegue el momento, volverá a ser visible y entonces extenderá la gloria de los drusos por todos los confines de la Tierra.

Además de Dios, veneran otra fuerza divina llamada «la Inteligencia Universal». Cuando Dios se encarnó en Hakem, la Inteligencia Universal lo hizo en Hamza (el otro fundador de la sociedad).

Los drusos consideran que Dios a lo largo de los siglos ha tenido ya diez encarnaciones y que Hakem fue la última de todas ellas y la que más información les reveló.

Los drusos creen en la reencarnación. Según afirman, hay un número limitado de almas y éstas se van reencarnando en diferentes seres del planeta. Si la persona ha cumplido escrupulosamente los mandamientos de

Alá, su alma se reencarna en un ser superior de la escala de especies del planeta. En cambio, si se comporta mal, su alma desciende en el «ranking».

Los drusos deben seguir una serie de preceptos para conseguir una buena reencarnación. Tienen terminantemente prohibido el consumo de bebidas alcohólicas. Esto ocurre con todos los árabes, pero en algunas ramas del Islam, la prohibición es más laxa. Sin embargo, los drusos son inflexibles en este punto.

Tampoco pueden fumar ningún tipo de tabaco y aún menos de cualquier droga alucinógena. Esto no deja de ser una novedad, porque la mayoría de las sociedades secretas islámicas narcotizaban a sus seguidores para conseguir dominarles con mayor facilidad.

Los drusos creen que el Armagedón, la batalla que tendrá lugar al final de los tiempos, enfrentará a musulmanes y cristianos. Tras la reyerta el mundo se acabará y en ese momento empezará el Juicio Final donde todas las almas serán juzgadas por sus múltiples vidas.

Los seguidores de las creencias drusas no pueden tener más de una mujer. La esposa debe pertenecer siempre a su misma raza. Tres días antes de la boda, el novio se reúne con el padre de su futura esposa para pedir la mano y acordar la dote. Después se le pregunta a la mujer si está de acuerdo en contraer matrimonio y si su respuesta es afirmativa, le regalaba una daga con un bonita funda. Ese presente demostraba que el marido cuidaría de ella y también era una advertencia de lo que podía pasarle si no se comportaba como una buena esposa.

Cuando llega la noche de bodas, el marido entra en la habitación de la mujer, que está rodeada de sus parientes femeninas. Entonces, ella se levanta el velo y las amigas salen de la habitación cantando canciones rituales.

El marido tiene total derecho sobre su mujer. Antiguamente, la infidelidad se castigaba con la muerte, pero con el tiempo se abandonó este drástico castigo.

Organización

Los drusos están divididos en dos castas: los *yákil* y los *ákil*. Los primeros son guerreros. Ellos obedecen las órdenes de sus superiores y deben morir en la batalla si así se lo mandan. De hecho, los drusos son un pueblo muy guerrero y seguramente este carácter se encuentra en la sociedad secreta que acabó convirtiéndose en una secta.

Para acceder a la misma debían mostrar valor y sumisión con la jerarquía de la agrupación. No es una sociedad de iniciados propiamente dicha, puesto que la mayoría de los guerreros nunca suele acceder a un grado superior de conocimiento. Sin embargo, algunos pocos son elegidos para conocer los misterios que guardan las sagradas escrituras que rigen su sociedad.

Cuando un guerrero o *yákil* accede a este estadio superior se convierte en un *ákil* (que significa anciano o sabio). Los *ákil* son los únicos que pueden estudiar las sagradas escrituras. De hecho, en la actualidad, siguen reuniéndose de forma secreta para analizar los libros santos. Sus estudios son mantenidos en el más absoluto secreto, sólo los miembros de esta casta pueden hablar entre ellos de los conocimientos adquiridos y de las conclusiones que han sacado.

Los *ákil* actúan como líderes espirituales y políticos, puesto que ellos son los que marcan lo que deben hacer todos los drusos. Como normalmente han sido guerreros antes de sabios, suelen llevar a cabo una política bastante belicosa. De hecho, son enemigos acérrimos del cristianismo y ello les ha llevado a un sinfín de guerras. También están enfrentados a buena parte de los pueblos islámicos que no siguen sus creencias.

Iniciación

El neófito tiene que atravesar tres duras pruebas para convertirse en miembro de esta sociedad. Los exámenes deben demostrar que el futuro componente de la sociedad es capaz de resistir los impulsos de su condición humana.

Para demostrarlo, tras un prolongado ayuno, debía resistir el hambre ante una mesa llena de apetitosos alimentos. No podía probar ninguno de ellos para demostrar que era capaz de sacrificar sus necesidades.

Después tenía que cabalgar durante tres días por el desierto. En ese período debía vencer la sed y no podía permitirse tomar el agua que llevaría consigo. De esta forma, demostraría que era capaz de vencer a la tentación.

Por último, debía compartir lecho con una bella y voluptuosa mujer que en muchas ocasiones le provocaría para que se dejara llevar por los placeres de la carne. Sólo pasaría la prueba si era capaz de no tener ningún contacto con ella.

Se cree que en un principio cualquiera podía ser druso. Le bastaba con pasar estas pruebas. Sin embargo, con el tiempo, los drusos pasaron no sólo a ser una religión sino a considerarse un pueblo. Por eso, en la actualidad, resulta bastante difícil que admitan en su seno a un miembro que no proceda de una familia drusa.

Los matrimonios, en un principio, debían ser entre personas de la misma raza, pero con el tiempo esta exigencia se ha convertido en que ambos sean drusos. Éste es seguramente uno de los casos más sorprendentes de la evolución de una sociedad secreta. Los drusos han pasado de ser compañeros clandestinos a formar un pueblo. Y en esa transformación han dejado de ser una sociedad secreta para convertirse en una sociedad cerrada.

Los sufís

Son la gran sociedad secreta del Islam, sin lugar a dudas. La corriente heterodoxa sufí, también llamada *Tassawulf* ha sido una sociedad de carácter secreto desde sus inicios. La razón está clara: han sido perseguidos implacablemente por fanáticos islámicos durante todos los siglos.

El secretismo ha sido la única forma de conseguir subsistir. Sin embargo, la persecución implacable ha diezmado esa sociedad entre cuyos miembros se cuentan los más grandes filósofos, poetas y místicos. Prácticamente han sido exterminados en Afganistán, Irán, Irak, Túnez, Argelia, Libia y la Península Arábiga. Todavía se pueden encontrar algunas sociedades sufís en países un poco más tolerantes como Egipto, Marruecos, Turquía o Siria.

Muchos estudiosos creen que la única razón por la que se han estructurado como sociedad secreta ha sido la persecución a la que han sido sometidos. No hay una férrea jerarquía ni normas a seguir características de las sociedades secretas. Por ello, la mayoría de los analistas consideran que en principio estaba ideada como una religión y una filosofía abierta a librepensadores. En cambio, la reacción del Islam, que les ha perseguido durante siglos, les condenó al secretismo.

Varias son las razones por las que ciertos grupos islámicos han visto en los sufís una amenaza. Una de las razones es que no exigen el cumplimiento de las leyes coránicas. Las respetan y creen que son adecuadas, pero no consideran que se hayan de imponer. Por otra parte, respetan todas las religiones que sean pacíficas y consigan la estabilidad social. Por ello, nunca se enfrentarían a otros grupos religiosos ni participarían en la «guerra santa» con sus compañeros islámicos.

Historia

Resulta muy difícil trazar una historia sobre el sufismo, que parece heredera de otras doctrinas más antiguas y cuyo origen se pierde en la noche de los tiempos. Muchos estudiosos de la materia dicen que el sufismo no existe, sino que sólo hay sufís.

Se cree que etimológicamente, sufís procede de *suf*, que en árabe significa lana. Los trajes sufís suelen llevar remiendos de lana y demuestran el poco apego de sus seguidores a los bienes materiales.

Los sufís creen que la revelación del profeta Mohammed fue tan clara y precisa que durante siglos no se necesitaron intermediarios para comprender su mensaje. A partir del siglo XI empezaron a nacer los *tarikats* o cofradías sufís, que se constituían de forma secreta alrededor de un maestro que revelaba las verdades del Islam.

Sin embargo, se cree que los sufís proceden de una corriente filosófica que tiene más de tres milenios. Muchos creen que los sufís se han centrado en el Islam, pero que antiguamente lo hicieron en otras religiones. Muchos los ven como los que buscan las verdades ocultas en todas las religiones del mundo.

Doctrina

Una de las características de la doctrina sufí es el desapego a los bienes materiales. Los sufís creen que la espiritualidad está reñida con la materialidad. Su máxima es: «Los sufís están en el mundo pero no son del mundo».

Los sufís aspiran a alcanzar la Verdad (*Haqq*). Aseguran que si la alcanzan, el ser divino (*Allah*) se manifestará en el interior del hombre que haya conseguido ese grado de perfección. Cada escuela tiene un método diferente para lograr esta iluminación, pero los pasos deben seguir este orden. El hombre debe alcanzar el corazón (*qualb*) que es el lugar donde el ego (*nafs*) se disuelve creando el faná. De esta forma se alcanza la plenitud (*Baqa*) donde lo absoluto se manifiesta en todas las células.

Ésta es la doctrina que uno a todos los sufís, pero cada una de las cuarenta escuelas que existen tiene su fórmula particular de llevar a cabo estos pasos. Los *naqshbandis* sólo emplean la oración y el recuerdo (*Dhirk*) de Allah, mientras que los *mewlevis* utilizan la música y la danza del giro (*sama*), los *bektasis* inciden en la poesía mientras que los *qadiris* o los *rifais* utilizan el aliento y el ritmo.

Los sufís no tienen dogmas absolutos ni un cuerpo doctrinal propio. Muchos creen que se trata de una filosofía más que de una sociedad secreta o de una religión o secta.

Ellos creen que la luz emana de la experiencia y no de las religiones o las filosofías. Su máxima es: «Aquél que prueba, sabe».

Organización

No se trata de una estructura piramidal, como ocurre en la mayoría de las sociedades secretas. Una vez se conoce el camino las cuarenta escuelas que constituyen la doctrina sufí pueden escoger los rituales que prefieran.

La sociedad secreta sufí no tiene una jerarquía. Existe la figura del maestro, que es el que revela los misterios a sus seguidores. Pero no hay cargos intermedios. Todos los seguidores tienen la misma importancia y no han de obedecer al líder ya que éste, simplemente, les proporciona consejos para que alcancen un grado superior de perfección.

Los sufís explican su relación con el Islam. Para ellos, es el círculo externo y visible de una rueda al que llaman *Shariah*. En él están las normas que rigen la conducta tanto moral como religiosa. Los radios de la rueda son las escuelas sufís que se definen a sí mismas como el camino para llegar al centro de la rueda. Allí se encuentra la Verdad que es la que conseguirá que Allah entre en el corazón del ser humano.

Las normas de la *Shariah* están diseñadas para protegernos y ayudarnos a establecer contacto con la divinidad. De todas formas, los sufís señalan que las normas de la *Shariah* nunca deben ser excesivamente estrictas, porque entonces cerrarían el corazón de sus seguidores en vez de abrirlo. Por ello, los sufís mantienen que la Verdad se escribe con letras de oro en el cielo y la *Shariah* con tinta en la Tierra.

La sociedad es imprescindible para conseguir alcanzar la Verdad. Por una parte, se necesita al maestro (*Sheik*) que es el que revela el camino. Por otra, es necesaria la familia *Tarikat* (los miembros de la escuela sufí) para que proteja con su poder (*Baraka*) al iniciado.

Los sufís no tienen lugares de reunión específicos, seguramente por el carácter secreto de esta sociedad. Entre ellos se reconocen como «amigos» o «personas como nosotros». No tienen contraseñas típicas en las sociedades secretas. Se reconocen entre sí por medio de actitudes, costumbres o por la forma de pensar.

Iniciación

La sociedad sufí es la más democrática de todas. Como no tiene rangos, cualquiera puede ser admitido. De hecho, la única actividad son las charlas con el maestro que sirven para conocer el camino para progresar espiritualmente.

En la mayoría de los casos, no se conoce quiénes son los maestros. Si alguien está interesado en establecer contacto con ellos, puede comentárselo a sus amigos. Si alguno pertenece a la escuela sufí, le acompañará a una reunión y le presentará al maestro.

A partir de ese momento, el nuevo miembro es libre de hacer lo que quiera. No hay ningún castigo para los disidentes. Se les suele pedir discreción, pero simplemente por el hecho de que en muchos países estas sociedades están perseguidas.

Esta sociedad mira exclusivamente por la evolución espiritual de sus componentes. Por lo tanto, no impone férreas normas para sus seguidores. De hecho simplemente se les brindan consejos y la ayuda de un grupo. Si ellos quieren aprovecharlo para mejorar, pueden compartir sus experiencias con los otros miembros. Si por el contrario deciden abandonar el camino, nadie les va a decir nada, puesto que el único mal se lo causan a ellos mismos.

Los nusairíes

Los nusairíes también son conocidos como ansaríes o alauítas. Se trata de una de las primitivas sociedades islámicas que se dio, principalmente, en la región del Líbano.

Éste es un caso muy parecido al de los drusos. Lo que en principio empezó como una sociedad secreta se acabó convirtiendo en una secta islámica. Muchos no creen que sea una sociedad secreta en sí misma, pero tiene varios elementos que hacen que entre dentro de esta definición.

Su culto empezó como una herejía del Islam, dentro de la corriente de los ismaelitas, que confieren gran poder a la figura del Imán.

Historia

A principios del siglo X, un imán fundó esta sociedad que se ha mantenido hasta nuestros días. Se llamaba Hasan-al-Áskari y fue conocido como *Nusair*, de ahí el nombre que reciben sus seguidores. Este imán aseguró no sólo tener la iluminación de Dios sino haberse convertido en una encarnación de Él. Por ello, cambió de nombre para que todos comprendieran que ya no era un hombre, sino que había alcanzado el grado máximo y era la encarnación de la divinidad.

Doctrina

Las creencias de los nusairíes combinan varios elementos presentes en otros credos. De esta forma se pueden distinguir cultos paganos, cristianos y musulmanes.

Los nusairíes creen en la existencia de un solo Dios. Sin embargo, a diferencia de sus hermanos del Corán, consideran que Dios se ha reencarnado siete veces en los diferentes profetas. En este punto, también divergen sobre quiénes fueron los profetas principales en los que Dios habitó. Ellos señalan a Abel, Seth, José, Josué, Asaf, Simón y Alí.

Cuando Dios se reencarnaba en un humano, también necesitaba otras dos personas que recibían sus esencias divinas. En este concepto podemos apreciar una similitud bastante sospechosa con la Santísima Trinidad cristiana. También se distinguen elementos de esta religión porque celebran fiestas como Pentecostés, Navidad, Año Nuevo y Epifanía.

El fundador de esta sociedad secreta inició un culto muy parecido a la misa de la Iglesia Católica, pero que se practicaba en la clandestinidad. Se llevaba a cabo en el domicilio de uno de los miembros de la sociedad y sólo podían asistir los iniciados. En la liturgia también se empleaba un ritual con vino. Esto resulta doblemente sorprendente. Por una parte, emula a la comunión católica y por otra introduce una elemento (el alcohol) que está completamente prohibido por el Islam.

También creían en la reencarnación. Las almas iban de un cuerpo a otro, mejorando si se había seguido una buena conducta. Ellos creían en la metempsicosis: después de un elevado número de reencarnaciones las almas se convertían en estrellas en el mundo de la luz.

Organización

La doctrina es secreta y está exclusivamente reservada a los hombres. Hay dos tipos de castas bastante separadas entre sí. Una es la de los *fellahim*, que son el último escalón, tan sólo por encima de los neófitos, que son los que todavía no han accedido a la sociedad.

Los *fellahim* trabajan con las manos y son aldeanos, campesinos o artesanos. En la mayoría de los casos nadie sabe que pertenecen a la sociedad y sólo son reconocidos por sus compañeros o superiores. Sin embargo, con el tiempo fueron agrupándose para protegerse de los ataques de otros grupos y perdieron su carácter secreto.

El estrato superior de esta sociedad secreta lo forman los *sayh*. Son una especie de aristocracia cuyo poder no está basado en los privilegios sino en su formación religiosa. No es posible acceder a esta clase por méritos propios. Se pertenece por nacimiento. Los *sayh*, desde pequeños, son instruidos en el estudio de los libros sagrados de la sociedad.

Como hemos apuntado, la persecución que sufrieron les hizo agruparse en asentamientos, por lo que perdieron su carácter secreto. Sin embargo, la organización continuó siendo la misma.

Los nusairíes son un pueblo bastante belicoso que ha tenido enfrentamientos con la mayoría de sus vecinos, por lo que son difíciles de integrar en cualquier población. Esto les ha llevado a habitar en aldeas en las laderas de las montañas. Suelen vivir en casas pequeñísimas, construidas en basalto negro, con cubiertas de terraza y sin ventanas. Durante el invierno, incluso, llegan a tapiarse.

Iniciación

En un principio, los criterios de selección eran muy estrictos. Debían pasar muchas pruebas y demostrar su absoluta fidelidad a la sociedad. En cambio, con el tiempo, al convertirse en una sociedad endogámica no fue necesario. Sin embargo, es cierto que están más abiertos a las nuevas incorporaciones que otras sociedades de este tipo.

Los miembros se casan entre ellos, por lo que, al igual que pasaba con los drusos, no es necesario admitir nuevos miembros. Además, al tener dos castas que son hereditarias, tampoco se contempla la posibilidad de que puedan ascender en la organización.

Organizaciones derivadas

Los nusairíes han originado varias organizaciones derivadas. Sin embargo, en la mayoría de los casos no se ha tratado de sociedades secretas, sino de sectas. De todas formas, repasaremos las principales organizaciones que surgieron del seno de esta sociedad secreta.

Los yezibas

También reciben el nombre de adoradores del diablo. Según la leyenda, Satanás, después de su caída, se arrepintió de sus pecados y fue perdonado por Allah. Según los yezibas, los pecadores arrepentidos son más apreciados por Dios que los que nunca han cometido ningún pecado. Por ello, Satanás fue convertido por Allah en una especie de divinidad. Los yezibas lo adoraban y lo representaron como un pavo real de bronce. Todos los años hacían una especie de procesión con esta escultura.

Los Alí Ilahi

Se cree que es una de las sociedades más «modernas», puesto que data del siglo XVII. También divinizan a Alí, el yerno de Mahoma y le dan más importancia que al propio profeta. Los Alí Ilahi han mantenido su carácter secreto y hacen reuniones clandestinas. No tienen un cuerpo doctrinal muy definido ni unos preceptos muy marcados, por lo que se parecen más al concepto de sociedad secreta que al de secta. Suelen integrarse en las regiones en las que habitan sin levantar demasiadas sospechas. La mayoría de los miembros de estas sociedades se encuentran en Turquía, Kurdistán e Irak.

Capítulo IV
SOCIEDADES ORIENTALES

En el continente asiático existen un sinfín de sociedades secretas. De hecho, en más de una ocasión estas agrupaciones han decidido el destino de un imperio mediante revoluciones, cambios de dinastía o guerras. Su trabajo siempre ha sido sutil. Sólo se ha sabido de ellas al cabo de muchos años, ya que siempre han operado con total discreción.

No se puede hablar de un único modelo a seguir en todo el continente. La verdad es que la variedad es asombrosa. Tanto por las razones como por la forma de estructurarse estas sociedades pintan un variado mosaico en el que es incluso difícil encontrar coincidencias.

Para buscar un punto en común, podríamos decir que todas estas entidades suelen estar ligadas al devenir político del país. En muchas ocasiones los gobiernos centralistas no podían atender en condiciones a todos los ciudadanos de regiones apartadas. En esos casos era habitual que los habitantes de una región recurrieran, por ejemplo, a los monjes que pertenecían a una sociedad secreta en busca de amparo.

De esa forma, estas sociedades llegaron a involucrarse en la vida política de su país. Y de esta forma, también, empezaron a ver que podían cambiar el devenir de los acontecimientos históricos. Su influencia era cada vez mayor.

Muchas de estas sociedades acabaron colaborando activamente en el gobierno mientras otras decidieron desestabilizar el suyo. El problema, como se verá a lo largo de este capítulo, es que muchas de estas sociedades milenarias han perdido el norte. Y en algunos casos se ha utilizado su estructura para llevar a cabo actividades delictivas. Todo ello ha hecho que adquirieran mala fama y que mucha gente piense que ya en el pasado estas organizaciones estaban destinadas a hacer el mal. Como se verá a lo largo de este capítulo, esa afirmación no tiene razón de ser.

La tríada o la liga Hung

Ésta es sin duda una de las sociedades secretas más oscuras, legendarias y que más han dado que hablar, excitando la imaginación de Occidente al mezclar un profundo secretismo con los mitos propios que los occidentales aplicamos a todo lo que provenga de China, como crueldad, un cierto misticismo budista y el uso de las artes marciales. Someramente, como la Cosa Nostra italiana, es un claro ejemplo de cómo una organización inicialmente revolucionaria y patriótica pasa a ser, con el devenir del tiempo y la corrupción de sus ideales, una simple trama delictiva que actúa ahí donde haya una fuerte inmigración china.

Se puede visualizar de forma aproximada si pensamos en varias películas populares que tratan sobre las tríadas chinas en dos momentos cruciales de su historia y que nos ayudan a entender su evolución: *54 días en Pekín*, que trata de la revolución de los *boxers* (una organización secreta controlada por la Tríada, con el objetivo de expulsar a las potencias occidentales de China) y *Manhattan Sur* que narra su infiltración y actividades, ya como organización criminal, en Estados Unidos. Incluso podríamos ir más allá, y proponer otra película, *Tigre y Dragón*, como una forma de presentar la génesis de ese tipo de sociedades. Porque, como afirma Baeza sobre ETA, «también nacieron en un seminario»...

La leyenda

Efectivamente, su nacimiento esta ligado a la religión budista y a la situación política de la época. Los orígenes de la sociedad Hung, la más antigua de las tríadas, datan del siglo XVII, y a pesar de que su historia es muy oscura, ellos mismos tienen su propia versión de los hechos que aunque son difícilmente contrastables dan una idea muy certera sobre la misma sociedad Hung. De forma resumida, la leyenda es la siguiente:

Durante el reinado del emperador K'ang Hsi (ascendió al trono en 1662 siendo el segundo emperador de la dinastía Mengu Ching, de origen Manchú) hubo una gran invasión desde el estado de Silu comandada por el general Phang Lung Tien. Era tanto el poder de destrucción e imparable su avance que ningún general del Emperador podía hacerle frente. En vista de ello, se proclamó un edicto por todo el reino reclamando voluntarios para aplacar la invasión. Estas noticias llegaron hasta el templo budista de Sio Lam (Shaolin), situado en la prefectura de Foochou. Se movilizaron los monjes del templo, y se organizó un grupo de 128, que representaban a los más decididos y más preparados en artes marciales, con la intención de ayudar al Emperador. Encabezados por el responsable del templo, se presentaron ante la Corte Imperial.

El emperador, impresionado por la valentía y el saber de los monjes-guerreros, accedió no sin reservas a sus deseos de demostrar su lealtad y patriotismo enfrentándose al general invasor. Llamó a sus generales para que mostraran a los monjes las posiciones que ocupaba el enemigo y de qué forma luchaban.

En todo momento los monjes mostraban ante los militares un alto conocimiento sobre el Arte de la Guerra. Pero al mismo tiempo a los militares les hacía crecer el recelo hacia esa partida de monjes místicos y guerreros, que conocían formas secretas de artes marciales más cercanas a poderes sobrenaturales que a tácticas militares convencionales.

Saliéndonos del tema, podríamos imaginarnos a una partida de caballeros Jedi luchando por la República Galáctica en algún confín del universo. Llegados al campo de batalla, el abad repartió órdenes a sus monjes de cómo y dónde actuar, invocó a los espíritus del Cielo y de la Tierra y de repente cayó una gran lluvia de piedra, agua y arena, acompañada de todo tipo de fenómenos meteorológicos extremos que hicieron confundir y retroceder al enemigo. Al mismo tiempo los 128 monjes atacaron usando todos sus poderes, matando al general Phang Lun Tien y a todos sus oficiales.

Como muestra de gratitud, el emperador, que había salvado el Imperio gracias a su intervención, les ofreció una serie de regalos: el sello imperial, un anillo de jade y una espada de honor. El sello imperial, de forma triangular, otorgaba a los monjes del templo de Siu Lam poderes políticos en el distrito de Foochou.

Pasados los años, y entronizado el sucesor del emperador, su hijo Yung Cheng, los recelos de la corte hacia esos monjes poderosos iban creciendo. Yung Cheng ya no se sentía vinculado por las promesas que su padre hizo al Templo de Siu Lam, y cuando se sintió suficientemente fuerte, mandó un nuevo prefecto al distrito de Foochou, con la intención de recuperar para el estado imperial el control de la provincia.

El nuevo gobernador se inventó una trama de los monjes para provocar una revuelta contra la dinastía Ching, amparándose en sus poderes sobrenaturales, y sobre todo contando con la legitimidad que les otorgaba el sello imperial. El prefecto sobornó a un miembro del templo y, con nocturnidad y alevosía, asaltaron el monasterio, pasando a cuchillo a casi todos los monjes y quemando el edificio.

Pero, milagrosamente, cinco monjes consiguieron salvar la vida y huir. Una vez a salvo, los monjes se juraron fidelidad y dedicar todos sus esfuerzos a vengarse eternamente de la dinastía Ching, y de ahí proviene la principal ideología de las antiguas tríadas: devolver a China el poder de la dinastía Ming, el momento de máximo esplendor del imperio chino en toda su historia, además de ser la responsable de la propagación del budismo en el imperio, que tradicionalmente había estado más ligado a la tradición confuciana y taoísta que al budismo, llegado del subcontinente hindú.

La leyenda continúa, reclutando los cinco monjes originarios nuevos adeptos a su causa y viviendo mil y una aventuras. Este movimiento es el inicio mítico de las tríadas, aunque hay algunos hechos históricos ciertos en esta leyenda, como es la destrucción del Templo de Shaolin, así como la intervención de sus monjes-guerreros en ayuda del Imperio contra sus enemigos.

Historia

Efectivamente, las primeras noticias de la sociedad Hung provienen del siglo XVII, cuando surgió este movimiento como reorganización de otras logias previas, como las sociedades «Origen del Dragón» o «Loto Blanco».

La dinastía Ching realizó varios edictos reprimiéndolas, debido a su carácter supuestamente criminal. Otra de las ramas de las tríadas es más paradójica en su origen, pues podría haberse creado a partir de 1830, cuando se cierra el paso a los jesuitas católicos que propagaban el catolicismo. Las pequeñas comunidades católicas ya existentes tuvieron que organizarse de forma clandestina.

Las sociedades tríadas vuelven a aparecer con fuerza en la historia china en el siglo XIX, durante la rebelión contra la dinastía Ching de 1850 a 1870, al lado de los autoproclamados «Adoradores de Dios» del visionario líder Hong da Quan, del movimiento Taiping. Este movimiento tenía un trasfondo religioso, mezcla de elementos católicos, protestantes y de movimiento social igualitario. El odio hacia la dinastía Ching reinante desde hacía siglos (recuérdese que era originaria de Manchuria, por lo tanto «extranjera» para un chino) hizo que las tríadas colaboraran activamente en esta rebelión. Hong da Quan incluso adoptó parte de los símbolos y emblemas de las tríadas para su propia organización, que provienen de los míticos presentes que el emperador hizo a los monjes de Shaolin.

A causa de disensiones internas y las divergencias entre los «Adoradores de Dios» y las tríadas llevaron al fracaso a este movimiento, que a punto estuvo de conseguir el poder.

A partir de este momento, a finales del siglo xix, llegó el gran momento de esta sociedad secreta, conocida por «Liga Hung», ya enteramente entregada a la labor de acabar con la dinastía Ching y a expulsar a los extranjeros de la patria China. Es conocido que el doctor Sun Yat-Sen, considerado padre de la República de China, y reverenciado tanto por el Kuomintang de Chan Kai Shek como por el Partido Comunista, era un destacado miembro de la sociedad Hung.

Por fin, en 1911, se pudo derrocar a la denostada dinastía Ching, siendo Sun Yat-Sen el primer presidente provisional del Parlamento Chino, aun cuando Pu Yi (el «Último Emperador» de la oscarizada película de Bertolucci) seguía teniendo un poder títere. A continuación, con la proclamación de la República por el Kuomintang, la invasión japonesa y la posterior liberación y creación de la República Popular China por Mao Zedong, China recupera su propia soberanía nacional, por lo que las tríadas pierden su componente político.

Pero al no disolverse, potencian su parte de sociedad secreta con objetivos puramente de enriquecimiento personal, pasando a convertirse en lo que comúnmente se conoce como una mafia, una sociedad secreta en la que cuesta entrar pero de la que es prácticamente imposible salir... al menos con vida.

Artes marciales

Es imprescindible para comprender el funcionamiento de esta sociedad, dedicar un apartado a las artes marciales.

La sociedad Hung siempre ha contado entre sus miembros con afamados luchadores de artes marciales y numerosas escuelas de diversas disciplinas de lucha que formaban parte de esta sociedad secreta a través de los principales maestros o creadores de diversos estilos.

Hay que recordar que la tríada en su inicio tenía un fuerte componente místico y patriótico, reclutando a sus componentes entre el pueblo. Estilos como *Choy Li Fut*, *Hung Gar* o *Jow Gar* usaban determinadas claves para identificarse como componentes de la liga Hung ante otras escuelas diferentes.

De todos modos, no todas las escuelas de artes marciales servían a esta sociedad. Algunos métodos, como el *Jow Gar*, se creó especialmente para que fuera usado por los *boxers* contra la ocupación extranjera, y en otros casos sólo era un destacado miembro del estilo el que formaba parte de la tríada, como Chan Heung (creador del *Choy Li Fut*).

Aunque no se pueda afirmar que las artes marciales sean una creación de las sociedades secretas chinas, está claro que sin su existencia éstas formas de lucha personal no serían ahora lo que representan, sino simplemente una forma de lucha antropológica, como el sumo japonés o la lucha canaria. Las tríadas les dieron ese halo de misticismo que tienen las artes marciales chinas.

Doctrina

Casi todos los preceptos que presenta esta organización están basados en el budismo y en las artes marciales. En cada escuela se crean corrientes de pensamiento particulares que siempre respetan el budismo.

Muchos son los estudiosos que ven imposible hablar de una doctrina, puesto que es más bien una filosofía de vida basada en el budismo y el misticismo. La vida monacal no estaba basada en las férreas normas que se impusieran, sino en la voluntad de sacrificio de los monjes.

Ése es un punto a tener en cuenta: la capacidad de sumisión y la gran disciplina que presenta cualquier miembro de la liga Hung. Los componentes de esta sociedad deben ser capaces de sacrificarlo todo, incluso la vida, por los ideales de la liga.

Su vida no tiene nada que ver con la del resto de ciudadanos chinos. Tienen un patrón de conducta diferente, tanto interna (su concepción de la vida) como externa (vivir en templos, practicar las artes marciales). Esto hace que estos grupos sean respetados y admirados por el resto de la sociedad.

Este clima provoca que para cualquiera sea un orgullo ser aceptado en una tríada. Y para conseguirlo debía renunciar a todo: su vida, sus bienes, su familia. A partir del momento en que el nuevo miembro ingresaba, su familia pasaban a ser sus compañeros. La tríada brindaba una nueva familia y un largo camino de perfección que el iniciado debería seguir hasta el final de sus días. Incluso más allá, porque muchos pensaban que el vínculo establecido se prolongaba después de la muerte.

Organización

La tríada estaba dividida en varias ramas esparcidas por los principales puntos de China, donde los valores revolucionarios de la sociedad Hung pudieran cuajar.

Las principales ramas fueron: la Sociedad de las Tres Armonías (*San He Hui*), que fue la más popular, la Sociedad del Cielo y la Tierra (*Tian Ti Hui*) y la Sociedad de los Tres Puntos (*San Tie Hui*). A partir de aquí se originaron cientos de ramas, tanto en el interior como en el exterior de China, llegando hasta San Francisco o Nueva York.

Las jerarquías en estas sociedades estaban muy marcadas y todos los miembros debían absoluta sumisión a sus superiores. No había posibilidad de poner en tela de juicio ninguna de las órdenes que recibieran.

Para reconocerse entre sí, los miembros de la liga de Hung tenían una serie de símbolos que les servían para diferenciarse del resto. Principalmente consistían en símbolos con las manos, signos con el alfabeto, una forma peculiar de llevar la ropa, ciertos complementos llevados de una forma concreta (paraguas, bolsas...), una forma concreta de hablar, un lenguaje propio que sólo conocían los iniciados, etc. Cada uno de estos símbolos tenía una interpretación diferente dependiendo de la logia.

Muchos de los símbolos empleados por las tríadas tienen su origen en el budismo. Por ejemplo, un signo muy empleado por estas organizaciones es el del Cielo y la Tierra. Se realiza señalando con una mano el Cielo y con la otra la Tierra. Este gesto es muy similar al que aparece en diferentes representaciones de Buda.

Iniciación

Las tríadas eran bastante exigentes a la hora de admitir nuevos miembros. Muchos eran los que cada año intentaban formar parte de la sociedad secreta, pero muy pocos los que lo conseguían. Se ha de entender que la vida de la Liga se presentaba como una existencia mítica, llena de aventuras. En cierta forma, ejercía tanta atracción como en Japón podía suscitar la imagen del samurai.

Por ello, muchos eran los jóvenes que querían pertenecer a esta sociedad. Se trataba de una especie de estatus que muchos querían conseguir. Sin embargo, también sabían el precio que deberían pagar y los sacrificios que deberían llevar a cabo.

Para entrar, el neófito tenía que someterse a un rito de iniciación que era una especie de examen basado en el concepto pregunta y respuesta. El futuro miembro de la sociedad debía superar diferentes niveles que representaban una idea o concepto. De hecho, éste es un método típicamente chino que resulta bastante incomprensible desde el punto de vista occidental. Los chinos no tienen un alfabeto con letras, sino con pictogramas, que representan ideas. De esta forma su pensamiento se estructura por conceptos, por lo que la prueba estaba basada en ese tipo de razonamiento.

Lo que estaba muy claro desde el principio es que el iniciado nunca podría abandonar a la sociedad. Ése era el delito más grave que se podía cometer y el castigo era terrible. No sólo se trataba de la muerte, sino de una tortura lenta, dolorosa y agónica que podía prolongarse durante días enteros. Además, solía llevarse a cabo por los mismos compañeros del inculpado y delante de todos los miembros de la sociedad para que sirviera para disuadir a futuros traidores.

Se cree que buena parte de estas sádicas prácticas fueron sacadas del budismo chan, una rama de esta religión que cree en el infierno y explica con todo lujo de detalles las terribles torturas que ahí se practican. Los estudiosos del tema consideran que buena parte de las ideas para castigar a los traidores y a los enemigos fueron sacadas de estos infernales libros.

Los katipunan

Algunas sociedades secretas tienen como finalidad promover un movimiento social o político. Éste es el caso de los katipunan de Filipinas. Sin embargo, la estructura de la organización sigue las líneas de una sociedad secreta y por ello hemos considerado adecuado incluirla en este capítulo.

Como se ha comentado al principio de este libro, los movimientos clandestinos, en un principio, no se consideran sociedades secretas, porque no tienen la vocación de trascender en el tiempo, sino de solucionar un problema concreto.

Sin embargo, muchos estudiosos del tema consideran que este caso es verdaderamente una excepción. Los rituales y la forma de organizarse se asemejaban demasiado a una sociedad secreta. Por eso se cree que tal vez una parte de la misma hubiera seguido en funcionamiento aunque se hubieran logrado los objetivos políticos que se habían marcado.

De todas formas, este punto nunca podrá ser comprobado. La sociedad katipunan fue desmantelada por el gobierno, por lo que nunca se pudo llegar a saber qué hubiera ocurrido si hubiera seguido en la clandestinidad.

Por todo lo antes señalado, consideramos adecuado repasar la historia particular de esta sociedad secreta que nos proporcionará un punto de vista diferente sobre estas organizaciones en general.

Historia

Para comprender el nacimiento de la sociedad katipunan, hemos de repasar brevemente la historia de Filipinas durante el siglo XIX. En esos momentos la isla era una colonia española. Las relaciones con la metrópolis se habían enrarecido. Las crisis que sufría España tenían consecuencias desastrosas en el archipiélago. La administración española abusaba de sus prerrogativas y con el tiempo se creó un clima generalizado de protesta.

Para protestar contra la situación se constituyeron movimientos y asociaciones tales como «la Liga Filipina» y «Propaganda», que intentaban mejorar las relaciones con España y reivindicar los derechos de los filipinos. Aunque no se hablara claramente del tema, bajo todas esas protestas subyacía un sentimiento independentista que iba avivándose día a día.

Sin embargo, en los movimientos públicos era imposible mencionar ni tan siquiera la idea de que Filipinas podía deshacerse de la colonización española. Por ello, Andrés Bonifacio, uno de los fundadores de la Liga Filipina creó, de forma clandestina, esta sociedad. La idea era ir más allá de lo que habían ido los movimientos legales. Por lo tanto, se apuntaba la posibilidad de la lucha armada.

Katipunan se funda justo el día en que José Rizal, uno de los miembros más destacados de la Liga Filipina es exiliado. El movimiento sufrió un fuerte revés y se planteó, más que nunca, la necesidad de utilizar otros métodos para conseguir los objetivos marcados.

El 19 de agosto de 1896 se produjo una filtración que puso sobre aviso a las autoridades de la existencia de la sociedad secreta. Muchos de los miembros se resistieron a su detención protagonizando reyertas con la policía. Algunos no fueron descubiertos e intentaron continuar con la sociedad secreta, pero ésta ya estaba tocada de muerte. Durante el siguiente año, los líderes que se habían salvado en la primera redada van cayendo en manos de la policía uno a uno. La sociedad se desmanteló por completo.

Sin embargo, muchos consideran que la asociación cumplió con su objetivo. Consiguió, en el tiempo en que funcionó, crear un clima que propició el final del colonialismo español (1898).

Doctrina

Los katipunan tienen tres objetivos claros que justifican su lucha. De hecho estos tres objetivos incluyen metas que no tienen que tener, forzosamente, una caducidad en el tiempo. Por ello, varios estudiosos creen que si la sociedad no hubiera sido desmantelada y hubiera alcanzado sus expectativas, seguramente no habría dejado de existir. Una parte clandestina hubiera seguido defendiendo los ideales por los que se constituyó. Las metas que se fijaban eran las siguientes:

— *Fines políticos. Luchar por la independencia de Filipinas.* Ésa era la prioridad en aquel momento. Por ello, se convierte en una sociedad secreta. El gobierno colonizador no hubiera admitido ningún movimiento legal que tuviera esa intención. De hecho, la simple idea podía ser castigada con la cárcel. Ello lleva a los katipunan a esconderse y a crear una sociedad secreta.

— *Fines cívicos. Promover la ayuda mutua entre sus miembros y defender a los pobres.* En esta premisa encontramos información reveladora. Por una parte, la ayuda mutua entre sus miembros demuestra ese sentimiento de pertenecer a una sociedad. No se habla de las ideas, es decir, de establecer lazos fraternales con cualquiera que busque la independencia. Se hace énfasis en la idea de que es importante pertenecer a esta sociedad para conseguir la fraternidad de sus miembros.

Por otra parte, «defender a los pobres» marca un objetivo que no acaba con la independencia. De esta forma se garantiza la supervivencia de la sociedad aunque se consiga la independencia del gobierno español. Estaría por ver si esta idea se hubiera defendido desde la legalidad de un partido político o de una agrupación o hubiera seguido como sociedad secreta.

— *Fines morales. Fomentar las buenas costumbres, la urbanidad, la higiene y la moralidad democrática.* En este punto hay divergencia de opiniones. Muchos consideran que los ítems no dejan de ser el programa político de un partido que quiere llegar al poder. Sin embargo, otros consideran que la sutileza de estas metas no se puede imponer, sino que necesita de una acción mucho más soterrada que poco a poco vaya cambiando las costumbres del país. Se cree que una sociedad secreta podría haber conseguido con el tiempo este tipo de cambios.

Para conseguir que sus miembros se sintieran más unidos, el katipunan creó una bandera. Se trataba de un rectángulo rojo con las iniciales KKK en blanco en el centro. El rojo simbolizaba el valor, el blanco la pureza de las intenciones y las tres «K» hacían énfasis en el nombre katipunan. Muchos creen que repetir la inicial tres veces no era casual. El número tres, como se verá en el siguiente apartado, tenía gran importancia en la estructuración de esta sociedad secreta.

Organización

Katipunan, en el idioma tagalo de la población autóctona filipina, significaba reunión. En cierta forma, toda la sociedad secreta se organiza para que se pueden dar estas reuniones en las que se acordaban políticas de acción para conseguir los objetivos señalados.

Por ello se creaban consejos regidos por un fiscal, un tesorero y un guarda del templo. La intención era que estos consejos se estructuraran en tres niveles que agruparan todo el país: municipal (*sanguniang balangay*), provincial (*sanguniang bayan*), y nacional (*kataastaasang sanguaniaan*).

El Consejo Supremo y los presidentes de los Consejos Provinciales y Populares, reunidos en asamblea, ejercían el poder ejecutivo. El poder judicial estaba en manos de un juzgado municipal, *sanguniang hukuman*, si bien los casos de disciplina interna eran juzgados normalmente por el Consejo Supremo. El presidente de Consejo Supremo era conocido como Supremo.

Muchos creen que esta estructura estaba diseñada para dar el salto a la legalidad y convertirse en el método de gobierno. Sin embargo, parece difícil que ésa fuera la idea. La constitución del gobierno era un paso posterior en el que se tendrían que integrar a muchos otros grupos que también habían luchado por conseguir la independencia. Por ello, los estudiosos del tema convienen en que es muy probable que se creara una estructura tan sofisticada porque se creía que la sociedad duraría muchos años más.

Los seguidores de esta sociedad secreta se dividían en tres niveles: los *katipun* o asociados, los *kawal* o soldados y los *bayani* o héroes. Evidentemente se trata de una estructura piramidal en la que cada miembro tiene que ir accediendo a un nivel superior para estar más vinculado con la sociedad. Cada una de estas categorías poseía su propio «santo y seña» y sus propios distintivos. Todos los miembros querían acceder al estatus de *bayani*, pero muchas eran las pruebas que tenían que superar antes de conseguir ese honor.

El método de reunión era el llamado *hasik* o triangular. El *katipuntero* tenían la obligación de reclutar a dos miembros más para conseguir un triángulo. La estructura celular que impedía que todos los miembros se conocieran entre sí. De esta forma, si alguno caía, podía delatar sólo a dos. Así se procedía durante los primeros seis meses a la afiliación.

Iniciación

El procedimiento de selección era verdaderamente rígido. El futuro miembro de la asociación tenía que ser presentado por un *katipuntero*. Después de esta toma de contacto, tenía que solicitar por escrito su admisión en la sociedad. Este documento no era accesorio. De esta forma quedaba constancia escrita de las intenciones del futuro miembro y ese documento demostraba su valor. Si la policía lo incautaba, iría directo a la cárcel.

Una vez aceptado como candidato, debía presentarse a la reunión con el miembro que lo presentó. En esa reunión se llevaba a cabo el ritual de aceptación en la sociedad secreta.

Esta ceremonia constaba de varias partes: una declaración por parte del candidato de sus aspiraciones, una prueba práctica y un juramento que el candidato sellaba con su propia sangre.

En la prueba oral, el aspirante debía responder a las preguntas que se le hacían. La intención era que a través de esas cuestiones fuera consciente de la situación que estaba atravesando Filipinas. También estas preguntas debían servir para despertar en el candidato el sentimiento de que el *katipunan* es el mejor instrumento para cambiar el desolador panorama político que atravesaba Filipinas.

A continuación, venía la prueba práctica en la que debía demostrar su adhesión al movimiento. Después se procedía a realizar el juramento, que el candidato debía de firmar con su nombre. Para simbolizar la nueva vida y también para salvaguardar su identidad, a partir de ese momento el adepto recibía un nuevo nombre que es el que utilizaría con todos sus compañeros.

Otras sociedades secretas orientales

Hasta ahora hemos analizado dos sociedades asiáticas en profundidad y a continuación realizaremos un repaso más somero a algunas otras que, sin contar con tantos adeptos, tienen características que las hacen curiosas e interesantes.

Es necesario destacar que Oriente es un caldo de cultivo de primer orden para este tipo de asociaciones. Asia es la cuna de las religiones, por lo tanto el sentimiento místico está muy arraigado. Del mismo modo, y al haber un amplio mosaico de religiones, también existen más dudas y conflictos. En esta situación, las sociedades secretas son capaces de darle al individuo la sensación de pertenecer a un grupo.

Algunos estudiosos consideran que a todo ello se le ha de sumar la «discreción oriental» como un factor que también favorecería la creación de sociedades secretas. Es difícil hablar de un rasgo de carácter oriental o asiático, puesto que muchos son los pueblos que engloba el término y cuando mayor es el grupo más posibilidades de fallo tiene una generalidad. Sin embargo, algunos antropólogos coinciden en que los pueblos asiáticos, en general, tienen una organización social más cerrada y discreta. En el círculo familiar, por ejemplo, rigen unas reglas muy definidas que dejan poco espacio para la espontaneidad. Todo ello hace que el secreto, o al menos la idea de que se ha de guardar cierta información, esté presente en la sociedad desde siempre.

Por ello, las sociedades secretas se presentan como la oportunidad ideal de compartir esos secretos. La discreta sociedad oriental, que nunca pregunta, es el lugar perfecto para que se desarrollen estas agrupaciones.

Todo esto hace que los casos de sociedades secretas se cuenten por cientos e incluso miles en el continente asiático. Evidentemente sería imposible englobarlas todas y, por ello, a continuación se propone un rápido repaso a las principales y más curiosas sociedades secretas que se han dado en Asia.

Moonistas

La Iglesia para la Unificación del Cristianismo Universal se fundó en 1954 en Corea del Sur y algunos dicen que ha conseguido tener más poder en Asia que muchos gobiernos. La sociedad moonista se presenta como una secta, pero paralelamente tiene una sociedad secreta que extiende sus tentáculos por todas las altas esferas del poder.

Su fundador, Sung Myung Moon, se autoproclamó a sí mismo el mesías y a su esposa, que entonces contaba sólo con dieciocho años, la nombró «Nueva Eva» y «Verdadera Madre del Universo».

La secta de Moon es totalmente personalista y se basa en el culto a su líder. Moon mantiene que el primer Mesías fue Adán, que fracasó al caer en la tentación. El segundo fue Jesús que, pese a lo que cree la religión católica, fracasó al morir en la cruz. El tercero es él, que aseguró que no fallaría en su afán de salvar al mundo.

El fundador de esta secta cree que él es el rayo luminoso que describe la Biblia y que se encargará de conectar Oriente y Occidente. Para él, ése ha sido el fracaso de casi todas las religiones: ninguna ha conseguido juntar la sabiduría de ambos hemisferios planetarios.

Moon nació el 6 de enero de 1920 y tuvo una visión de Jesucristo en 1936 que le cambió la vida para siempre. Ha estado varias veces en prisión por disturbios, adulterio y bigamia.

Moon ha creado una serie de organizaciones para difundir su palabra tanto en Estados Unidos como en Europa: la Unificación del Cristianismo Mundial, la Federación Internacional para la Victoria sobre el Comunismo, la Fundación Lucha por la Libertad y el Movimiento Universitario para la Búsqueda de los Valores Absolutos.

Aparte de ser un líder religioso carismático, Moon es un hombre inmensamente rico. Sus negocios de fábricas de armas, productos farmacológicos —comercializa, por ejemplo, el ginseng—, periódicos y hoteles han permitido que tenga un poder sin límites que utiliza en sus sociedades en la sombra.

Se dice que su fortuna fue un regalo de varios gobiernos (en especial el estadounidense) por participar activamente en la lucha anticomunista. Otros, sin embargo, consideran que su riqueza proviene del mal uso que hace de los fondos de los fieles.

Las ceremonias de Moon se han hecho famosas en todo el mundo. Especialmente destacan sus bodas multitudinarias, en las que los novios no se conocen. Deben escoger entre alguien de su raza, aproximadamente de su edad y si puede ser de su situación económica. A partir de ese momento, se casan y su matrimonio funcionará mientras ninguno de ellos abandone la secta ni sea infiel.

Estos matrimonios se han convertido en un método un tanto enfermizo de muchos jóvenes de encontrar pareja. El aliciente es que si son especialmente tímidos se saltan el coqueteo y el noviazgo, para pasar directamente a la vida de casados.

Como se ha comentado, la secta de Moon es sólo la parte visible de una sociedad secreta con grandes ramificaciones. Últimamente se han filtrado algunas informaciones, pero todavía faltan muchas piezas del puzzle. Lo que se sabe a ciencia cierta es que la sociedad secreta la forman personas de gran poder en toda Asia y Norteamérica. En esas reuniones se cierran acuerdos comerciales y se sellan pactos políticos de gran escala.

El Loto Blanco

Como se ha comentado en el apartado dedicado a la liga Hung, algunos creen que el Loto Blanco fue la inspiradora de las famosas tríadas chinas. Al igual que éstas, sus miembros dominaban a la perfección las artes marciales.

Pero no era ésta su única arma. Los miembros del Loto Blanco eran capaces de imponer sus pensamientos y de crear corrientes favorables para llevarlos a cabo. Esto ocurría, sobre todo, con sus opiniones de carácter político.

El Loto Blanco se fundó en el año 380, cuando varios peregrinos acudieron a ver al monje Hua Yin. En el monasterio de éste aprendieron artes marciales y aplicaron el budismo a estas disciplinas. Durante siglos fueron creando una poderosa sociedad secreta con una rígida organización y claras metas expansionistas.

En 1133 ya era el poder en la sombra. La inestabilidad del gobierno hizo que el Loto Blanco moviera los hilos desde detrás del telón. Sin embargo, finalmente, tuvieron que dar la cara. Cuando los mongoles invadieron China, sólo podían ser expulsados por los expertos en artes marciales del Loto Blanco.

Así que los monjes de esta sociedad secreta, dirigidos por Chu Yuang-Chan, consiguieron detener el avance de los mongoles y expulsarlos definitivamente de China. Todo ello sirvió para que Chu Yuang-Chan fuera entronizado emperador y se le cambiara el nombre por el de Hung Wu, fundador de la dinastía Ming.

Un miembro de una sociedad secreta llegó a ser emperador de su país. Evidentemente, durante su reinado y el de sus sucesores, hubo una colaboración muy estrecha entre el poder y la sociedad. Los principales consejeros pertenecían a este grupo y el gobierno sabía que contaba con el apoyo tácito del poder de su país.

Esto duró hasta el cambio de dinastía. Los lotos blancos se juntaron entonces (como se ha visto al principio de este capítulo) con los de la Liga de Hung y ambos intentaron poner palos en las ruedas de los nuevos emperadores. Sin embargo, al no conseguirlo, la conspiración se prolongó en la sombra durante años e incluso siglos.

Los mamorís

Sin duda una de las asociaciones más curiosa es la que forman los mamorís. De hecho, sus componentes han guardado celosamente su existencia y es una sociedad ultra secreta de la que apenas se filtran informaciones.

Los mamorís surgen después de la Segunda Guerra Mundial. Las bombas atómicas de Hiroshima y Nagasaki dejaron terribles heridas en la conciencia colectiva nipona. Durante mucho tiempo, surgieron entidades y asociaciones que quisieron canalizar la rabia y el miedo que provocaron las primeras armas con tecnología atómica.

En este grupo se inscriben los mamorís, que pretenden salvar a sus compatriotas de un peligro similar. Ellos creen que el entrenamiento diario y la disciplina mental les ayudará, llegado el caso, a salvar a su país. El plan, ciertamente, resulta un tanto descabellado. Los mamorís creen que podrían resistir un bombardeo atómico de pie y sin camisa formando un escudo humano que protegiera al resto de la población.

Para conseguir ese estado físico que roza la ciencia-ficción deben entrenar cada día y deben superar constantes retos que ponen a prueba su valor y su coraje. No se sabe mucho más de sus prácticas ni de sus ritos de iniciación porque los componentes de esta sociedad han guardado sus secretos a cal y canto y no han permitido que hubiera ningún tipo de filtración sobre las actividades que llevan a cabo.

Capítulo V
SOCIEDADES DELICTIVAS

A lo largo de este libro hemos visto que muchas veces la estructura de las sociedades secretas ha sido empleada, tras muchos siglos, para llevar a cabo actividades delictivas.

Éste es un trance por el que pasan muchas sociedades secretas. Al tener una perfecta estructura clandestina en algún momento de su historia aparece la tentación de intentar utilizarla para el lucro personal mediante actividades que están fuera de la ley. De hecho, como se explicaba en las primeras páginas, buena parte de las sociedades secretas se esconden porque su actividad, en algún momento de la historia, fue considerada clandestina. Por ello, tampoco resulta tan descalabrado que una sociedad secreta vuelva a sus orígenes y lleve a cabo acciones ilegales.

De todas formas, hay que destacar que normalmente cuando una sociedad secreta se convierte en una sociedad delictiva suele perder parte de su filosofía y de sus rituales. De hecho, cuando el dinero y el afán de poder entran en una sociedad secreta, poco a poco se van olvidando de los ideales por los cuales se fundó.

A continuación veremos varios casos que demostrarán lo que ocurre cuando una sociedad secreta cruza la línea de lo ilegal.

La cosa nostra

La mafia es seguramente una de las asociaciones delictivas más famosas en el mundo entero. Pero no se trata de un grupo de descerebrados unidos por el afán de cometer delitos. Se trata de una sofisticada sociedad secreta con años de historia y costumbres ancestrales que han sobrevivido, incluso, a las migraciones que han llevado a cabo sus miembros (concretamente de Italia a Estados Unidos).

En la actualidad, el término *mafia* se emplean sin demasiada propiedad. Cualquier red delictiva es calificada de mafia. Así no encontramos con «las mafias rusas» o «las mafias albanesas». Esta acepción es tan utilizada, que resulta difícil decir que es incorrecta. De todas formas, en este libro, nuestra intención es hablar de la mafia italiana o de la *cosa nostra* (como la llaman ellos entre sí). Ésta sociedad, con siglos de historia, tiene todos los requisitos que se le pide a una sociedad secreta.

Historia

¿Cómo empezó la mafia? Ésta es la pregunta que casi todos los historiadores pretenden contestar, pero a la que ninguno consigue hallar una respuesta inequívoca. Leyenda e historia se dan la mano en este punto, de tal forma que es bastante difícil dilucidar dónde empieza una y dónde la otra. Por ello, en este apartado, explicaremos las principales historias que intentan explicar el origen de la mafia.

En el siglo XIX toda Europa había experimentado un cambio social, en el que la burguesía había alcanzado más predominancia y los negocios eran la base de los Estados.

Sin embargo, no había ocurrido lo mismo en Sicilia. Allí la estructura social no había cambiado desde de la

Edad Media. La escasa burguesía se agrupaba en torno a la nobleza, rindiéndoles pleitesía en unos rituales propios del medioevo. La isla se podría decir que no tenía gobierno y la corrupción y el favoritismo reinaban a sus anchas. Los terratenientes cedieron la explotación de sus tierras a los *gabellotti* (aparceros), que con el paso de los años se convirtieron en los señores de la isla. Más tarde se crearon una serie de códigos de obediencia y un secretismo alrededor de la figura del jefe (*capo*) de una familia (clan). El conjunto de las familias se llamó mafia y entre ellos empleaban el término de «cosa nostra».

El término *mafia*, según muchos historiadores, fue utilizado por primera vez entre 1862 y 1863, cuando se estrenó en Palermo la obra *Il mafuisi di la Vicaria* de Giusepe Rizzoto y Gaetano Mosca. Por primera vez se empleaba el término «mafioso» para señalar a los grupos de personas violentas vinculados por secretos lazos y que vivían de actividades delictivas.

También existe otra teoría que sitúa la aparición de la mafia en un tiempo más lejano, en el año 1282. En la primavera de aquel año, un soldado francés violó y mató a una joven que se dirigía a la iglesia de Palermo para contraer matrimonio. El novio también murió cuando intentó vengar la muerte de su amada. Los italianos, al enterarse de esta historia, se levantaron en revuelta con el grito de *Morte alla Francia, Italia anela* (Italia quiere la muerte de Francia). Las iniciales de la frase en italiano serían las del nombre «mafia». No se sabe si este episodio es cierto, pero no hay duda que aquí ya se dan las características que se les atribuyen a la mafia: la defensa del honor y la venganza para resolver los conflictos.

Según el historiador Serge Hutin, los antecedentes más modernos de la mafia datan de principios del siglo XIX. En

esa época, la corte de Nápoles fue expulsada por el avance de los ejércitos napoleónicos y se refugió en Sicilia,
bajo la protección de Lord Nelson.

La isla era atacada continuamente por bandidos y no
contaba con suficientes fuerzas militares para defender a
la corte recién instalada. Por ello, en 1812, el soberano
creó un cuerpo de gendarmería rural. En 1837, una
orden pretendió desmantelar el grupo, pero éste hizo
oídos sordos y acabó siendo lo que se conoció por la
Mafia. Entre sus funciones se encontraban la de mediar
entre los delincuentes y víctimas con la intención de
sacar provecho de ambos.

En aquella época, cualquiera que estuviera descon-
tento con el gobierno, podía sumarse al grupo. Y desde
luego, no faltaban voluntarios. La pobreza en aquellos
tiempos era extrema en Sicilia.

Otra interesante teoría es la que mantiene Robert K.
Rowloand, que considera que la mafia surgió como un
movimiento político de resistencia durante el siglo XVIII
cuando los Borbones dominaban la isla. El reinado de
esta casa real fue especialmente duro e impuso la tortura, el encarcelamiento y la pena a los opositores. De este
modo, la mafia fue una especie de resistencia que tuvo
que ocultarse para no ser desmantelada.

Pierre Barrauncand, en cambio, considera que la mafia surgió entre los pastores que temían los cambios que
el capitalismo pudiera aportar en su forma de vida. Temían que pudiera acabar disolviéndoles y por ello crearon
una sociedad secreta.

Gateano Folzone, así como otros historiadores, considera que la reunificación italiana del año 1861 tuvo vital
importancia en la formación de la mafia. Sicilia no se
había sentido nunca identificada con su gobierno, ya

que había sido invadida en muchas ocasiones por ejércitos extranjeros. De esta forma, cuando más se quiere consolidar el concepto de estado, más fuertes es la tentación de definirse como «anti-estado». Y ese anti-estado es la Mafia, que se presenta como una organización de poder al margen del gobierno.

La reunificación italiana inició un largo proceso que pretendía acabar con las estructuras feudales. En este proceso la mafia garantizó a los terratenientes la protección de sus tierras. De hecho, en las comunidades en las que la ley del gobierno no llegaba, la mafia asumía estas funciones.

La mafia fue creciendo en importancia durante los años posteriores a la reunificación italiana. Las duras condiciones de vida que se impusieron en la isla hicieron que muchos pasaran a engrosar sus filas.

Después vino la migración. Los sicilianos, condenados a vivir con unas condiciones que rayaban la pobreza, decidieron buscar nuevas oportunidades en Estados Unidos. Además, la ascensión del fascismo de Mussolini, que les persiguió implacablemente, también provocó que muchos emprendieran un viaje hacia una nueva vida.

Sin embargo, los sicilianos sienten un especial apego hacia la tierra y las tradiciones y no estaban dispuestos a renegar de ellas al llegar al nuevo país. Por ello, empezaron a agruparse en la Unión siciliana, que más tarde se llamaría la Cosa Nostra.

La primera actividad delictiva fue el cobro de «impuestos de protección» a los comerciantes locales. Si querían que sus negocios no fueran atacados, debían abonar cierta cantidad mensual. De todas formas, su época de esplendor empieza con la Segunda Guerra Mundial, gra-

MISTERIOS DE LA HISTORIA

cias a la célebre *ley seca* que les permitió enriquecerse mediante el contrabando ilegal de alcohol. También se dedicaron a la prostitución, el juego y las drogas. En todo este mare mágnum criminal también se incluyen algunos negocios legales que servían para el blanqueo de dinero.

El cine y la prensa contribuyeron a que esta sociedad secreta fuera conocida por el gran público y a la vez configuraron una leyenda a su alrededor.

Doctrina

La única doctrina de la mafia es el respeto absoluto a la mafia. Existen muchas organizaciones delictivas, pero pocas presentan una estructura tan cerrada y organizada como esta.

Lo que se le pide a un neófito es absoluta fidelidad y obediencia ante las órdenes que reciba. Nada es más importante que eso y cualquier consideración ética debe desaparecer si la mafia así lo exige.

Los mafiosos tienen su propio código de honor que se caracteriza por el nulo respeto hacia la vida de los enemigos y hacia las normas sociales. De todos modos, la mafia funciona como un gobierno paralelo y por lo tanto se han de cumplir sus normas a rajatabla.

Está permitida la venganza, siempre y cuando se aplique en el marco de lo establecido por esta sociedad. Los capos estudian los casos y actúan como jueces que finalmente dan una respuesta que debe ser obedecida por todos.

La ley inquebrantable que exige la Mafia es la *omertá* o «ley del silencio». Ningún miembro de la organización puede desvelar ningún secreto sobre el funcionamiento o sobre las actividades de la misma. Tampoco puede hablar de los compañeros de la organización y aún menos de los jefes. La *omertá* debe aplicarse también a la familia. El mafioso no puede revelar esos datos ni a una mujer ni a sus hijos. El castigo para aquellos que no cumplan la *omertá* es la muerte. Las condenas de muerte suelen seguir unos rituales específicos, dependiendo de lo que el ejecutado haya hecho. En el caso de haberse saltado la *omertá*, suele aparecer muerto con un canario también muerto en la boca. Es una alegoría que demuestra que «ha cantado». Antes esta simbología era muy importante, pero con el tiempo ha pasado a un segundo lugar y muchos han dejado ya de emplearla.

Organización

Ésta es seguramente la clave de la Mafia. Su jerarquía está perfectamente estructurada por lo que los tentáculos de poder se alargan a todas las esferas.

El órgano regulador principal es la Comisión. Es la que maneja todas las discusiones de las principales familias. Es una especie de foro donde se reúnen todos los jefes y fijan normas para llevar a cabo su actividad con total impunidad.

Las familias son células de poder que están estructuradas de la siguiente manera. El jefe absoluto es el «capo» o el «Don» que da las órdenes que todos los demás tienen que cumplir sin rechistar. A él recurren los miembros de la familia cuando quieren resolver algún asunto o cuando necesitan protección.

Otra figura muy importante es la del *consigliere*. En castellano significa consejero y actúa como tal. Está muy cerca de la esfera de máximo poder (el *Don*), pero no puede dar órdenes, tan sólo asesorar a su superior.

El *Soto Cappo* es el segundo al mando. Normalmente, suele ser el sucesor del jefe, aunque en ocasiones puede haber variaciones. Su trabajo consiste en aplicar las órdenes del capo en la calle. Él es el que controla el día a día y está encima de lo que ocurre en la calle.

El *contabile*, al igual que el consejero, está muy cerca del poder, pero no puede dar órdenes. Se encarga de las finanzas de la Familia y, en muchas ocasiones es el que tiene que buscar negocios legales para que la organización pueda blanquear el dinero. También puede aconsejar sobre la política que debería seguir la Familia. Por último, en muchas ocasiones, también es el encargado de cuidar de los miembros que han sido encarcelados y de sus familias.

El *sgarrista* se sitúa en un escalón más bajo. Cada familia está compuesta por varias «brigadas» o «guerrillas» de soldados. Cada una de ellas tiene entre diez o quince y el *sgarrista* es su jefe. Él es el que se reunirá con los jefes de la Familia para darles explicaciones o pedirles ayuda en momentos puntuales.

Por último están los soldados, que son los que hacen al trabajo sucio. Ellos son el brazo ejecutor de la banda, los que cumplen las órdenes y llevan a cabo las actividades delictivas. La Familia los considera como miembros pero lo cierto es que no tienen los mismo derechos, sobre todo en el caso de que no sean sicilianos.

Los asociados son los amigos de los soldados que hacen el trabajo más peligroso y todavía más sucio. No son considerados miembros de la Familia, por lo que harían cualquier cosa para entrar a formar parte de la organización. Por ello, siempre se les encomienda las funciones más peligrosas y desagradables.

Iniciación

Los mafiosos, normalmente, se incorporan a la sociedad secreta en su niñez o en la adolescencia. En esa época, ven a los mafiosos como a los héroes del barrio y quieren imitarlos.

En ese empeño, intentan acercarse a la organización. En muchos casos empiezan tomando contacto con los asociados, que son los últimos de la cola. Ése es el primer paso.

Como asociados deben hacer todo lo que la banda les pida. En muchas ocasiones, los soldados abusan de ello, empleándolos para hacer las cosas que ellos prefieren no realizar.

Cuando se ganan la confianza del soldado, éste puede presentarlos al *sgarrista*, que es el jefe de los soldados. Éste podrá decidir si pasa a formar parte de su grupo o no. Si opta porque así sea, entonces deberá comunicárselo a su superior directo para que dé la autorización.

Antiguamente, se solía hacer una ceremonia de ingreso, puesto que resultaba un paso muy importante. A partir de ese momento, el nuevo socio era «intocable» y recibiría el amparo de la Familia. Sin embargo, parece que en la actualidad no hay ningún ritual.

La mafia, como era de suponer, es una sociedad secreta que no se puede abandonar. Muy pocos son los casos en los que el abandono no se considera alta traición y es castigado con la muerte.

La forma de ascender en la organización cambia dependiendo del caso. Antes, era imposible medrar si no se tenían raíces sicilianas. Sin embargo, con el tiempo el origen ha pasado a ocupar un segundo plano.

Un soldado que destaca por su valor acaba siendo el jefe de los soldados. A partir de aquí, dependiendo de cómo se comporte, puede conseguir algunos privilegios más, aunque es muy improbable que llegue a *Capo* o *Don*, porque éste suele ser un cargo hereditario.

Esta estructura cerrada y el constante coqueteo con el crimen hicieron que la sed de poder se impusiera al cumplimiento de las órdenes de la agrupación. De este modo, cuando un soldado quería ascender, podía intentar matar a su jefe directo para conseguir el poder del grupo. Los jefes también querían eliminar a las bandas rivales para poder ejercer su dominio sobre las zonas que éstos ocupaban. De esta forma, la lucha interna por el poder se convierte en la razón de ser de estas organizaciones, que en muchas ocasiones acaban matándose entre sí.

El Ku Klux Klan

Sin duda esta asociación es una de las más tristemente famosas. Se trataba de una sociedad de carácter secreto, en la que sus miembros iban encapuchados para no ser reconocidos. Sin embargo, la mayoría de los estudiosos cree que todos se conocían entre ellos. De hecho, en muchos pueblos de Estados Unidos eran mayoría y lo extraño no era pertenecer a la agrupación, sino estar al margen de la misma. Con el tiempo, por suerte, este balance fue variando y la sociedad fue ganando cada vez peor fama.

Esta asociación racista y xenófoba tuvo, de todos modos, gran importancia durante etapas importantes de la historia de Estados Unidos. Durante mucho tiempo contó con el apoyo popular de buena parte de la población estadounidense.

De hecho, la primera gran película de la historia del cine *El nacimiento de una nación*, de David W. Griffith, explica el legendario origen del Ku Klux Klan como si se tratara de uno de los grandes logros de Estados Unidos. Este hecho puede servir para comprender el orgullo que sentían muchos de sus miembros de formar parte de esta agrupación.

Por suerte, con el tiempo la imagen de esta sociedad secreta cambió y muchos empezaron a avergonzarse de ella. De todos modos, su estructura ha dado lugar a muchas otras sociedades, secretas o clandestinas que han tomado el relevo de sus ideales racistas.

Historia

El Ku Klux Klan nace como consecuencia de la abolición de la esclavitud y de la Guerra de Secesión. El 24 de diciembre de 1865, en Pulaski (Tennessee), seis antiguos oficiales confederados fundaron esta sociedad. Habían cogido la palabra *koklus*, del griego, que significa círculo y del vocablo *klan*, de origen escocés. Otros, en cambio, creen que procede de *kukulkan*, un dios azteca que significa «dios de la luz». Por último, muchos consideran que es una onomatopeya de *kill, kill, kill* (mata, mata, mata), el grito que muchos de ellos utilizaban cuando perpetraban sus fechorías.

Los grupos subversivos que llevaban a cabo estas actividades cada vez respetaban menos la jerarquía de la sociedad. Por ello, el jerarca máximo, un oficial confederado llamado Nathan B. Forrest, dio la orden, en 1869, de disolver la sociedad.

Sus palabras cayeron en saco roto y cada cual siguió por su cuenta. En 1871, el presidente Ulises S. Grant conminó a estos grupos a abandonar la lucha armada y a partir de ese momento persiguió a los que no habían seguido su consigna.

Todo esto provocó un replanteamiento de la sociedad. De hecho, muchos aseguran que el Ku Klux Klan que llegó al siglo XX era otra asociación diferente que tan sólo utilizó un tenue sustrato de la anterior. Fuera como fuese, lo cierto es que un antiguo pastor metodista, el coronel William Simmons fundó en Georgia en 1915 la asociación Imperio Invisible, Caballeros del Ku Klux Klan. Se aceptaban como miembros todos los blancos de más de dieciseis años de edad.

Durante la Primera Guerra Mundial el Klan llegó a las ciudades de casi todos los Estados del Sur. Entonces, ya no sólo perseguía a los negros, sino que también castigaba a católicos, extranjeros, liberales, sindicalistas y huelguistas. Todos ellos llevaban a cabo actividades que atentaba contra los valores americanos y por ello, según estos fanáticos, merecían ser castigados.

La prensa empezó a hacer eco de sus primeros crímenes, que en vez de despertar repulsa aumentaron las adhesiones. Los miembros de esta organización eran vistos como auténticos resistentes que luchaban por los valores genuinos de Estados Unidos.

De todas formas, el gobierno del país no podía permitir la actuación delictiva de este grupo. Por ello, a partir de 1921 el Congreso empezó a estudiar sus actividades. Esto sólo sirvió para que el Ku Klux Klan adquiriera un halo de mártir. Tres años después, la sociedad contaba con el apoyo de tres millones de socios.

A mediados de la década de 1920, su imagen pública empezó un imparable descenso en picado. Los conflictos internos y la inmoralidad de sus miembros empezó a hacer mella en su reputación y en el apoyo popular que había recibido hasta el momento. En 1929, tras varias órdenes del Tribunal Supremo, tan sólo quedaban unos cuantos miles de miembros.

Durante la crisis económica de 1930, el Ku Klux Klan actuó contra los sindicalistas de los estados sureños y contra los negros que querían ejercer su derecho al voto.

En 1940, el Klan cometió uno de sus grandes errores: colaboró con la Liga Germano Estadounidense (que estaba financiada por la Alemania Nazi). Cuando se descubrió el holocausto nazi, las actividades racistas fueron cada vez peor vistas. En 1944, la sociedad se disolvió, por no poder pagar una deuda de impuestos al gobierno federal. Pero algunos de sus miembros siguieron militando en pequeños grupúsculos.

Con la lucha de los derechos civiles, esta sociedad volvió a resucitar. En 1950 siguió realizando actos de violencia racial, intimidación y represalias. En aquel momento, el movimiento no contó con la simpatía de la mayoría. Sin embargo, en 1964, tras promulgarse la ley de los Derechos Civiles de ese mismo año, experimentó un aumento de sus socios, llegando a alcanzar la cifra de 45.000.

A mediados de la década de 1970, ya contaban con gran popularidad en los Estados Unidos y algunos de sus socios llegaron a presentarse como candidatos a cargos políticos, consiguiendo gran cantidad de votos. En 1989, el gran brujo del Klan, David Duke, fue elegido para la Cámara de Representantes de Luisiana. En 1991 se presentó para gobernador, pero no consiguió el favor del electorado.

Doctrina

Los miembros del Ku Klux Klan intentan justificar sus acciones basándose en la Biblia. Según mantienen, Eva engañó a Adán con el Demonio y de ese escarceo nació Caín. Los negros son hijos de Caín y por eso deben ser perseguidos. Por otra parte, se negaban a reconocer que Jesucristo fuera judío.

De todos modos, no se trata tan sólo de una motivación bíblica, sino que responde a un momento histórico muy concreto. Los sudistas estaban resentidos porque habían perdido la guerra. Por una parte, todavía tenían esperanzas en que una nueva revolución pudiera limpiar la afrenta. Y por otra, no soportaban que los del norte se hubieran salido con la suya y que los negros hubieran dejado de ser esclavos y tuvieran las mismas libertades que ellos.

Por lo tanto, se dedicaron a atentar contra personas de color y contra los blancos que defendían sus derechos. Vestían con capuchas y hábitos blancos y, por la noche, quemaban cruces con fuego para anunciar su presencia. Después podían torturar, mutilar, azotar e incluso matar a negros que estuvieron haciendo uso de sus derechos recién ganados o blancos que apoyaran la igualdad racial.

No querían, de ningún modo, que la gente de color accediera a cargos políticos. Por eso, los candidatos eran sus principales objetivos. También recrudecían sus acciones cuando se acercaban las elecciones, puesto que no querían que los negros pudieran ejercer su legítimo derecho al voto.

Los principios del Ku Klux Klan eran los siguientes:

— Inculcar en los hombres los principios de la caballería.
— Desarrollar su carácter, a la vez que protegen de su hogar y de la castidad de la mujer.
— Defender los principios patrióticos que todo norteamericano debe tener.
— Mantener la supremacía de la raza blanca.

Organización

En una convención secreta en Nashville (Tennessee) en 1867, se fijó cuál sería la jerarquía de la sociedad. La cúpula del poder estaría integrada por el «gran brujo de imperio», que sería el jefe absoluto de lo que se llamó entonces «el imperio invisible». Él daría las órdenes y estudiaría la situación general.

Estaría ayudado en esta misión por los diez genios, que le darían consejo y que le advertirían sobre las consecuencias de las acciones que decidiera iniciar en cada momento.

A partir de aquí, venían los jefes de cada territorio, que se organizaban por células. Cada estado tenía el «Gran Dragón», cada distrito contaba con «Gran Titán», en los condados el responsable era el «Gran Gerente» y cada grupo tenía el «Gran Cíclope». Además, la sociedad se dividía en dos tipos de miembros: los caballeros y las águilas. Éstas últimas eran los encargados de las expediciones de castigo.

El poder real residía en las *klaverns*, que eran las asociaciones locales que cumplían las órdenes. Con el tiempo, se volvieron totalmente incontrolables. Ellas mismas daban las órdenes a sus adeptos sin seguir la cadena de mando. Con el tiempo, ya no necesitaban una jerarquía superior.

Sus miembros tampoco exigían un plan universal. Les bastaba con hostigar a la población negra de su región o utilizar la sociedad para ajustar sus cuentas pendientes con otros miembros de la comunidad que supuestamente apoyaban a los de color.

Iniciación

En muchos casos, la entrada en este grupo suponía el paso de la adolescencia a la madurez. En muchos pueblos, los padres incluían en el grupo a sus hijos en cuanto éstos alcanzaban los dieciseis años.

En otros casos, sobre todo cuando alguien se mudaba a otra comunicad, invitarle a formar parte de Ku Klux Klan era una forma de darle la bienvenida a su nuevo hogar.

El Ku Klux Klan, por tanto, y pese a ser una sociedad secreta, suele contar con el amparo de casi todos los blancos que habitan en una región. Sin embargo, siguen guardando las formas de sociedad secreta. Nunca hablan durante el día de las acciones que han llevado a cabo por la noche ni discuten temas relacionados con la sociedad.

Los negros, los extranjeros y todos los grupos que son atacados por el Ku Klux Klan no saben nada de ellos ni conocen quién puede estar debajo de las capuchas. Eso crea un clima de crispante inquietud. En cualquier momento, cualquier persona puede estar tomando nota de sus acciones y convertirlo en el objetivo de los sádicos castigos que lleva a cabo el Klan.

Muchos aseguran además, que el Ku Klux Klan tiene intrincadas conexiones con las altas esferas del poder gubernamental, que en el fondo nunca ha perseguido ni castigado sus acciones con suficiente ahínco.

El Ku Klux Klan es una asociación basada en criterios comunes: la raza e ideales idénticos: racistas. Su estructura está abierta, por lo tanto, a cualquiera que cumpla esos dos requisitos.

Se sabe que hace algún tiempo se llevaban a cabo algún tipo de rituales. Por ejemplo, el nuevo miembro se encargaba de azotar a un negro o de marcarlo con ácido para demostrar su valor. En la actualidad se desconoce si todavía se llevan a cabo este tipo de rituales para entrar a formar parte del grupo.

La Sociedad Thule

Desde hace años se especula con la posibilidad de que Hitler y los neonazis tuvieran conexiones con corrientes esotéricas y asociaciones secretas. Los historiadores han llegado a la conclusión de que estas sospechas no andaban desencaminadas. Se sabe que las altas esferas del poder nazi creían en ciertas prácticas esotéricas que, según aseguraban, les permitirían dominar el mundo.

De hecho, se cree que la filosofía y la fuerza que consiguió el Tercer Reich se debía a estas creencias que se aglutinaron en la llamada Sociedad Thule. Parte de la ideología y sobre todo de las decisiones políticas que tomaron los fascistas surgió de esta sociedad en la que Hitler confiaba ciegamente. De todas formas, finalmente, y como se verá en este capítulo, la sociedad cayó en desgracia. Algunos creen que el final del Tercer Reich se debió al hecho de que Hitler abandonó la legendaria sociedad y mandó que se deshiciera. Ello, según algunos esotéricos fue su condena de muerte y la del Reich que con tanto afán había levantado.

De hecho, se ha llegado a explicar que desde la Sociedad Thule le advirtieron en varias ocasiones de que su vida corría peligro y le indicaron qué debía hacer para ponerse a salvo. Siguiendo los consejos de la sociedad, consiguió sortear todos estos peligros que hubieran podido adelantar su fin.

En la actualidad no se sabe si la Sociedad Thule sigue en funcionamiento. Algunos estudiosos creen que desapareció cuando Hitler la disolvió, mientras que otros aseguran que se han dado algunos rebrotes entre asociaciones de ex nazis afincados en países sudamericanos.

De momento, no existen pruebas que sirvan para ratificar ninguna de las dos afirmaciones.

La corta vida que tuvo la Sociedad Thule dejó muchos interrogantes abiertos. De hecho, todavía hoy en día parece una referencia insoslayable para entender la historia de la Segunda Guerra Mundial. Pese a todo, aún hay muchísimos interrogantes que todavía no han podido ser resueltos por los investigadores.

Historia

La fecha en la que se empieza a hablar de esta sociedad no está clara. Parece ser a principios del siglo xx y algunos aventuran el año 1912 como fecha de salida. Según parece, ese año Sebottendorff y otros intelectuales germanos empezaron a reunirse para hablar del origen de la raza y de la diferencia de etnias que había en el mundo. Así se generaron buena parte de las teorías racistas que subyacían en el holocausto judío.

Hitler, que desde siempre había sido un fanático de las Ciencias Ocultas perteneció al grupo, pero no llegó, como se ha dicho en más de una ocasión, a ocupar ningún cargo importante en el mismo. Simplemente acudió a algunas reuniones como «oyente» y tomó buena nota de los secretos que le fueron revelados.

Sin embargo, con el tiempo, Hitler se volvió paranoico y veía en todo lo que le rodeaba una amenaza contra su poder. Por ello, cuando supo que parte de sus fieles (sobre todo Karl Haushofer y Rudolf Hess) formaban parte de la sociedad, tuvo miedo que allí se pudiera fraguar, en algún momento, una conspiración.

Por ello, dio la orden de que la sociedad se disolviera. No atacó a sus miembros, puesto que la mayoría formaban parte de su gobierno. El que recibió la peor parte fue el esoterista, astrólogo y fundador de la sociedad, Rudolf von Sebottendorff que fue expulsado de Alemania de por vida (una suerte, teniendo en cuenta todo lo que sucedió después en el país germano).

Doctrina

La doctrina de la Sociedad Thule es la que misma que después defendió el partido fascista. Sin embargo, resulta curioso ver las razones que se argumentan para imponer la supremacía de la raza aria.

La Sociedad Thule creía que la vida había surgido en el Polo Norte (algunos se atrevían a hablar de la Atlántida) Thule era una especie de paraíso que los hombres habían perdido al mezclarse con seres de razas inferiores. Los germánicos eran altos, rubios y atléticos como los primeros habitantes de la Tierra, por lo que tenían la misión de quitar de en medio al resto de las razas que sin duda eran inferiores.

Asimismo, también querían encontrar el *Vrill*, que era una enigmática energía ancestral que conseguía que el hombre fuera dueño de sí mismo y del mundo.

La Sociedad Thule quería seguir el ideal nórdico de sociedad. Querían un régimen menos belicoso basado en la adaptabilidad de los hombres superiores de su ambiente.

Se sabe que esta creencia estaba plagada de alusiones a la mitología nórdica. Sin embargo, también mezclaba algunos elementos cristianos. Muchos interpretaron que el *Vrill* también podía ser, por ejemplo, el Santo Grial. De todas formas, las creencias más poderosas en las que confiaban los miembros de esta sociedad eran esotéricas. De hecho, creían que estaba comunicados con espíritus y fantasmas que les podían ayudar a predecir el futuro. La Sociedad Thule no creía en la ciencia, mantenía que era un engaño para que los hombres dejaran de obedecer a sus sentimientos y no pudieran ver lo que realmente era importante en este mundo.

Esta organización abogaba por la irracionalidad, el antimaterialismo y seguía antiguas fórmulas alquímicas. Aseguraban que los hombres no vivían sobre la faz de la Tierra, sino en su interior. También consideraban que en el Universo siempre ha mantenido una eterna batalla entre el hielo y el fuego.

Organización

Al ser una sociedad que no proviene de la antigüedad, se creó una jerarquía un poco más abierta. Todos los socios podían acudir a las reuniones con amigos y éstos, con el tiempo, podían decidir si les gustaba la sociedad y querían militar en sus filas.

De hecho, muchos creen que la actividad de los Thules se limitaba a reuniones en las que simplemente hablaban de espíritus y otros temas esotéricos.

Pero no todos los ven así. Algunos creen que esta logia tenía a grandes científicos que probaban fórmulas alquímicas. El objetivo de estos experimentos no era claro, aunque muchos estaban seguros de que intentaba dar con una fórmula para dominar el mundo.

En la jerarquía sólo había dos rangos. Unos eran los que acababan de ingresar y por tanto debían escuchar las opiniones de los demás antes de empezar a argumentar las suyas. Cuando estuvieran preparados, ya podrían dar su visión de los hechos y opinar en las reuniones.

Parece ser que los Thules no tenían una jerarquía muy marcada porque querían investigar sobre temas metafísicos. Por ello, querían escuchar la opinión de mucha gente y contar con la participación de los intelectuales más apreciados en el momento.

Es cierto que había una cúpula directiva, formada por Sebotendorff y sus consejeros. Pero la función de la directiva no se basaba en dar órdenes a sus afiliados. Simplemente se dedicaba a ordenar toda la información que se extraía de esas reuniones y a recopilar los datos que fluían de las investigaciones que se llevaban a cabo.

Estos libros, parece ser que desaparecieron cuando la sociedad fue clausurada. Algunos creen que Sebottendorff consiguió extraer datos de vital importancia, pero la mayoría cree que no fue así y que la guerra acabó con el fruto de todas aquellas investigaciones de marcado carácter esotérico.

Iniciación

Entrar en la Sociedad Thules no planteaba ningún problema, siempre y cuando, la directiva de la agrupación considerara que la persona que solicitaba el ingreso sería de utilidad para las investigaciones que estaban llevando a cabo.

También solicitaban que fuera ario (y su familia también, al menos hasta cuatro generaciones atrás) y que no tuviera ninguna deformidad física ni ninguna enfermedad crónica.

Los futuros socios, como se ha explicado, acudían en calidad de amigos de los adeptos. Así, eran presentados al grupo que los conocía y empezaba a pensar en qué lugar podrían ocupar si se acababan decidiendo a entrar en la sociedad.

Se desconoce si había un castigo para los que abandonaran la agrupación. Se cree que inicialmente no había ningún problema. Tal vez, únicamente hubiera algún tipo de sanción si el que abandonaba la sociedad había participado en las investigaciones que se llevaban a cabo en los laboratorios que supuestamente tenía esta asociación.

Capítulo VI

MIRANDO AL FUTURO

Cuando se habla de las sociedades secretas, a menudo se habla de ellas con los viejos tópicos de iniciaciones oscuras en siniestros templos como método de iluminación. Pero hoy, después de la Segunda Guerra Mundial se evidenció la necesidad de nuevos grupos que monitorizaran de forma discreta (e intervinieran, caso de ser necesario) los grandes acontecimientos, tendencias y problemas de la política internacional. Un panorama *a priori* menos pintoresco que el de las antiguas sociedades en las que se exigía algún tipo de ritual para formar parte de ellas, pero mucho más oscuro en cuanto los intereses de unos pocos afectan a millones. Y en un mundo globalizado por Internet y las nuevas tecnologías, sociedades como los Bilderberg se han opuesto (al menos en apariencia) a toda truculencia, haciendo suya aquella línea del guión de *Sospechosos habituales* que decía que «el mejor truco del diablo fue hacer creer a todo el mundo que no existía», y logrando por una serie de razones pasar inadvertidos delante del gran público. El supuesto objetivo de establecer un Nuevo Orden mundial es algo que está presente en toda la historia de las sociedades secretas, desde los masones hasta los illuminati. Lo que convierte en más peligrosas las sociedades de corte actual es la legitimación que les proporciona el hecho de ser discretas en lugar de secretas, consiguiendo así atraer menos la curiosidad de aquellos que están fuera. Exagerándolo al máximo, podríamos decir que, haciéndose pasar por un laboratorio de ideas de los grandes o una simple asociación empresarial, estas entidades logran disimular mucho mejor su verdadera influencia en el mundo en el que vivimos que si se envolvieran en un secretismo de la vieja escuela. Las técnicas de distracción han cambiado: frente a la ocultación del pasado, las sociedades secretas de hoy en día prefieren suministrar demasiada información acerca de sus teóricas motivaciones para crear así la confusión. En Internet hay centenares de páginas acerca de estos grupos de poder, pero cada una de las acusaciones que se vierten en ellas podría no ser más que la enésima cortina de humo para despistar al público.

Pero las antiguas formas conviven aún con las nuevas. Junto a las aparentemente civilizadas, aunque secretas, reuniones de la Comisión Trilateral, el Grupo de Bilderberg, el *Council of Foreign Relations* y otros entes del mismo espíritu, conviven aún las viejas sociedades secretas tal y como las conocemos, si bien inspiradas hacia objetivos similares, como son los *Skull & Bones*.

La Comisión Trilateral

No es de extrañar, por ello, que algunas de estas sociedades, como la Comisión Trilateral, tengan bien visibles páginas de internet en las que se listan algunos de sus miembros. Otra cosa es que, entre la prolija retórica de los discursos que explican su misión, pueda discernirse cuáles son sus verdaderos fines.

Según la propia organización, se trata de un organismo formado en 1973 por ciudadanos privados de Japón, la Unión Europea y Norteamérica (comprendida ésta como Estados Unidos y Canadá) para promover la cooperación entre el núcleo de dichas zonas democráticas e industrializadas con un liderazgo compartido. En principio, su misión tenía que durar sólo tres años, aunque se ha ido renovando cada trienio (como nota curiosa, el número tres es uno de los más significativos en términos ocultistas, y el propio logotipo de la Comisión Trilateral recuerda sobremanera al «triskel»).

La Comisión Trilateral se considera producto de las ideas del banquero David S. Rockefeller y en sus orígenes estuvo en el Consejo de Relaciones Internacionales, una sociedad que si bien en ningún modo merece la calificación de secreta (al fin y al cabo editan la revista más importante del mundo acerca de relaciones internacionales, *Foreign affairs*), tiene intereses que sí parecen serlo.

Los miembros de la Comisión Trilateral (según afirman ellos mismos) son unos 350 líderes de negocios, medios de comunicación, funcionarios públicos (de los que están excluidos miembros del gobierno de cada país, pese a lo cual Bill Clinton ha servido en la Comisión Trilateral en la condición de presidente... cuando también lo era de su país), sindicatos y otras organizaciones no gubernamentales. Una composición, en suma, que no requiere de una gran credulidad hacia las teorías conspiratorias para causar un cierto recelo. El problema está en que cuesta separar los objetivos de la Comisión Trilateral de los de aquellos que desde Internet los analizan. Se ha acusado a la Comisión de servir a la extrema derecha... y también a la extrema izquierda. Se ha dicho que sus líderes eran los únicos que evitaban una tercera guerra mundial... y que era justo ellos quienes estaban preparándola. Y lo más grave es que los extremos se tocan a la hora de argumentar estas aseveraciones, sobre todo cuando algunos autores llegan a relacionar a los neoconservadores de George Bush con el trotskismo. Una muestra más de las sombras que rodean a la Comisión Trilateral.

A diferencia de lo que ocurre con el grupo Bilderberg (un grupo mayoritariamente blanco y rico) la Comisión Trilateral está abierta a la participación de ciertos líderes (eso sí, muy influyentes) de países menos desarrollados.

El *Council of Foreign Relations*

Entre los objetivos declarados de este consejo se encuentra explicar la política exterior norteamericana al resto del mundo de un modo imparcial, aunque según muchos expertos en conspiraciones su función consistiría más bien en influenciar en la política externa de los Estados Unidos. Establecido en la década de 1920, el Consejo es, tal y como decíamos anteriormente, el editor de la revista *Foreign Affairs*, una de las más importantes (y conocidas) en el panorama de las relaciones internacionales. Aparentemente, la Comisión Trilateral no es más que una derivación o un círculo externo de este consejo, cuyos orígenes pueden encontrarse antes de la Primera Guerra Mundial en la declarada intención de algunos magnates de establecer un imperio global dominado por angloparlantes. El CFR (siglas de *Council on Foreign Relations*, en español Consejo de Relaciones Externas) tiene todavía equivalentes al otro lado del Atlántico y su influencia llega a toda la opinión pública mundial.

Foreign Affairs, por ejemplo, ha sido una de las principales promotoras de la teoría del choque de civilizaciones de Samuel Huntigton, tan del agrado de los «neocon» americanos y que tanto ha servido para justificar muchas de sus acciones en torno al 11-S. Aunque eso, por lo visto, sólo sería la punta del iceberg frente a motivos ulteriores, siempre relacionados con la propaganda y las operaciones de guerra psicológica. Aparentemente, los tres mil miembros del Consejo controlan las tres cuartas partes de la riqueza mundial; según los teóricos de la conspiración, su objetivo final podría estar en mantener elevados los niveles de tensión y guerra en todo el mundo a fin de enriquecer sus propias industrias armamentísticas, sanitarias, financieras y alimenticias.

El CFR también organiza seminarios de relaciones internacionales al más alto nivel. Los participantes en ellos están obligados al secretismo por una política de no atribución, que les permite expresar en público el resultado de las discusiones de cada seminario pero no los nombres de los participantes.

El Grupo Bilderberg

Si tomamos en consideración las malas relaciones entre Francia y Estados Unidos a causa de la guerra de Irak, un encuentro entre los máximos dirigentes políticos y económicos de ambos países, celebrado en el Palacio del Trianon (nada menos que el lugar donde se firmaron los acuerdos de paz de la Primera Guerra Mundial), hubiera debido ser primera plana en muchos periódicos. Pero tal encuentro tuvo lugar del 15 al 18 de mayo de 2003 sin que mereciera la más mínima atención de la prensa.

En dicha reunión se juntaba uno de los grupos más influyentes del planeta, y en él convivieron miembros del consejo de administración de grandes multinacionales con personajes *a priori* tan poco esperados en un encuentro como este como son las reinas de Holanda y España (curiosamente, el rey de España acompañó a su esposa a la cumbre de 2003, pese a que no figuraba en la lista de invitados, mientras que ella sí lo estaba). Junto a ellas estuvieron figuras como Valery Giscard d'Estaigne, Henry Kissinger o el neocon Richard Perle.

De acuerdo con Robert Gaylon Ross JR., autor de *Who's Who of the Elite: Members of the Bilderbergs, Council on Foreign Relations & Trilateral Commission* (Quién es quién en la élite: miembros de los Bilderberg, Consejo de Relaciones Externas y la Comisión Trilateral), el grupo Bilderberg es la más secreta de las tres organizaciones. Según el autor, cada vez que el Grupo Bilderberg se reúne, el edificio donde se hace la reunión se vacía al completo de toda persona no perteneciente al grupo y se trae la comida y el agua desde el exterior. El autor también señala que siempre que este grupo se reúne en Estados Unidos lo hace en propiedades de la familia Rockefeller (quien, por cierto, es el eslabón que unifica todos estos grupos secretos). El lugar de los encuentros suele decidirse al azar, y es el país que acoge cada reunión el encargado de garantizar su seguridad.

Se ha demostrado que la CIA patrocinó el nacimiento de los Bilderberg, aunque esta segunda entidad apareció muy poco después que la otra, justo al terminar la Segunda Guerra Mundial. El nombre del grupo sale del Hotel Bilderberg, en Holanda, lugar de su primera reunión. Se dice que entre los participantes sólo hay unos veinte que conocen cuáles son los objetivos reales del grupo. Una inmensa mayoría de los participantes desconocen estas metas, aunque una parte trabaja para ellos y se benefician de lo que allí se elabora. Por último, existe siempre un pequeño grupo de invitados ocasionales.

Por lo que se sabe, las reuniones del grupo transcurren de modo informal. No se votan resoluciones ni se adoptan acuerdos. Los participantes acuden allí a título individual, no en representación de ningún gobierno. Uno de los puntos cruciales es la absoluta franqueza en la que se supone que se desarrollan las conversaciones, franqueza alejadísima de la corrección política. Según un reportaje del periódico *Liberation* citado por Eduardo Lliteras, en la reunión del año 2003 del Grupo Bilderberg, Dominique de Villepin, Ministro de Exteriores francés, llegó a decirles a los halcones neoconservadores Paul Wolfowitz y Richard Perle que «si no hubiera sido por Francia y por el Papa, se hubiera producido un auténtico choque de civilizaciones» (que, quizás, ya venía siendo preparado por el Consejo de Relaciones Internacionales).

Una vez finalizada la reunión, los participantes tienen prohibido revelar qué se ha dicho en ella ni quiénes han tomado parte en las discusiones. Naturalmente, la participación se hace por estricta invitación.

Skulls & Bones

Esta organización pasa por ser una de las más poderosas del mundo actual, sobre la que surgen constantemente referencias en los medios de comunicación norteamericanos, ya que se cree que es la que desde la sombra rige los destinos del mundo actual. Es una conclusión lógica si tenemos en cuenta que a ella han pertenecido y pertenecen la élite de las clases dominantes estadounidenses, que por extensión controlan el planeta. Las teorías conspiratorias suelen incluir a esta

173

sociedad en los elementos a estudiar, sobre todo porque los Bush son miembros de ella desde hace bastantes generaciones. Es la sociedad que ha tomado el relevo en el poder de las históricas; y de momento no ha sido perseguida ni aniquilada como les ocurrió a aquéllas. Es conveniente conocerla, ya que nuestro futuro podría pasar por sus manos...

La historia de la sociedad comienza en la Universidad de Yale, donde cuatro ramas de la historia americana: espionaje, drogas, tráfico ilegal y sociedades secretas se combinan en una.

Pero empecemos por la historia de Yale. Elihu Yale nació cerca de Boston, fue educado en Londres y sirvió en la Compañía militar británica del este de India. Eventualmente, se convirtió en el gobernador del Fuerte Saint George, Madrás, en 1687. Amasó una gran fortuna y regresó a Inglaterra en 1699. A Yale se le conoció como filántropo; al recibir una propuesta del *Collegiate School* en Connecticut, envió una donación y libros. Después de esto, Cotton Mather sugirió que la escuela fuera llamada *Yale College*, en 1718.

Nathan Hale, junto con otros tres graduados, fue miembro del *Culper Ring*, una de las primeras operaciones de inteligencia. Esta operación fue establecida por George Washington, y fue exitosa a lo largo de la Guerra de Secesión. Nathan fue el único operario que fue encontrado por los británicos, y después de hablar de sus deseos, fue colgado en 1776. Desde la fundación de la república, la relación entre la universidad de Yale y la «Comunidad de Inteligencia» ha sido única.

En 1823, Samuel Russell estableció la empresa *Russell and Company* con el propósito de adquirir opio en Turquía y contrabandearlo hacia China. *Russell and*

Company se fusionó con el sindicato Perkins en 1830 y se convirtió en el principal traficante americano de opio. Muchas de las grandes fortunas americanas se construyeron gracias al tráfico ilegal de opio de China.

Uno de los jefes de la compañía en Cantón fue Warren Delano JR., abuelo de Franklin Roosevelt. Otros socios de Russell eran John Cleve Green (quien financiaba Princeton), Abiel Low (quien financiaba construcciones en Columbia), Joseph Coolidge y los Perkins, Sturgis y la familia Forbes. El hijo de Coolidge organizo la *United Fruit Company*, y su nieto, Archibald C. Coolidge, fue el cofundador del Consejo de Relaciones Internacionales.

William Huntington Russell, primo de Samuel, estudió en Alemania entre 1831 y 1832. Alemania era entonces una fuente de nuevas ideas. El método científico se aplicaba en todas sus formas. Russell probablemente fue iniciado en ese país en la sociedad de los *illuminati*. Quiso entonces establecer un grupo de características similares en América, donde sus hijos pudieran formar parte de una orden secreta que les otorgara un estatus favorable.

Cuando Russell regresó a Yale en 1832, formó una sociedad con Alphonso Taft. La asociación se convirtió en una rama de la masonería libre hasta que en 1873 un grupo de estudiantes de Yale irrumpieron en su cuartel, un edificio adyacente al campus que no tenía ventanas y era conocido como «La Tumba», y descubrieron su insignia, la calavera y los huesos, junto a calaveras y huesos reales. Entonces la consideraron una sociedad maléfica.

La orden floreció desde sus inicios. Algunos profesores diferían de sus principios, ya que no estaban de acuerdo con su exclusividad y secretismo. Y numerosos estudiantes manifestaron su desacuerdo con el favoritismo que recibían sus miembros, apodados «bonesmen» (hombres de los huesos).

Pero no todos están en desacuerdo. La *Russell Trust* recibe 54 millones de dólares de los alumnos, y ellos son quienes controlan el grupo. Los investigadores revelaron los nombres de treinta influyentes familias americanas que habían adquirido este rango, entre las que se encuentran la de los Allen, Adams o Rockefeller.

Desde su creación, más de 2.500 graduados de la Universidad de Yale han sido iniciados en la sociedad y han acabado alcanzado puestos preponderantes en el gobierno y la economía del país.

Muchas son, como decíamos, las oscuras relaciones entre sus miembros y el poder. Gaddis Smith, profesor de Historia en Yale, declaró que la Universidad había influido en la CIA más que ninguna otra organización educativa, dándole la atmósfera de una reunión universitaria. Incluso afirmó que los *bonesmen* habían convertido el edificio de la CIA en una «casa encantada».

La legalidad de esta sociedad es, según los analistas, dudosa. Sin embargo, la administración norteamericana, como era de esperar, no ha investigado la organización ni a sus miembros, básicamente porque forman parte de ella. De ahí que también se dude de los resultados y las actuaciones de algunos de los estudiantes de Yale.

Al tratarse de una sociedad secreta vinculada a una universidad, sus miembros supuestamente desean aumentar y compartir sus conocimientos, aunque esta explicación ha sido siempre ampliamente discutida. En realidad, se considera que los elementos que tienen más posibilidades de formar parte de la sociedad son los que tienen un carácter decidido, con recursos, intereses políticos, ambición y probablemente el perfil del jugador que hace trampas para ganar.

La sociedad les garantiza honores y recompensas dado su gran poder, pero el precio a pagar es olvidar los principios de la ética y la moral. Por eso hay quienes no están dispuestos a pagarlo y se mantienen al margen de los *Skulls*.

La orden de los *Skulls & Bones* no es simplemente una fraternidad con sus ritos y ceremonias propios como en el resto de campus universitarios. Esta sociedad guarda muchos secretos y únicamente existe en la Universidad de Yale. Tiene reglas y ritos ceremoniales y considera a los que no forman parte de ella como *outsiders* o vándalos. Sus miembros suelen ocultar que pertenecen a la sociedad, pero existen multitud de listas certificando sus nombres, de los cuales apenas una docena habían reconocido ser *bonesmen*. El resto no se pronunció.

Cuando sus miembros son elegidos se encuentran en el año «Junior», y sólo pasan uno más, el «Senior», junto a la sociedad. Por tanto, la organización está orientada hacia los graduados que ya han dejado la facultad.

El proceso de selección de los candidatos no ha variado desde 1832. Cada año, únicamente quince jóvenes son elegidos. En los últimos ciento cincuenta años, alrededor de 2.500 graduados han sido iniciados en la Orden. Actualmente permanecen vivos y en activo entre quinientos y seiscientos de estos miembros. También hay que tener en cuenta que a lo largo de los años se han producido deserciones, pero esos desertores se mantienen en silencio seguramente para protegerse de posibles represalias.

Los quince elegidos son llamados «Caballeros» y hay quien dice que reciben 15.000 dólares y un reloj. Tras su graduación, pasan a ser denominados «Patriarcas de la Orden». Los Patriarcas de la Orden realizan reuniones anuales en la Isla Deer, en el río St. Lawrence.

Se cree que estas ceremonias conmemorativas se celebran el 28 de junio. En el año 2002, George W. Bush fue relevado en la presidencia del Estado durante unas horas por el vicepresidente Dick Cheney, quien dijo que el presidente estaba realizándose unas pruebas médicas. Sin embargo, muchos apuntan que se encontraba en la reunión anual de la sociedad, de la que se conoce que es miembro como lo fuera su padre.

Como hemos visto, la sociedad de los *Skulls & Bones* está perfectamente ritualizada y estructurada en grados. En lo que respecta a los lugares donde celebran sus reuniones, al principio se realizaban, como decíamos, en la «Tumba» de ladrillo sin ventanas. En ella practicaban sus extraños y ocultistas ritos de iniciación y se reunían cada jueves y viernes.

El grupo que descubrió la tumba a la que nos referíamos anteriormente declaró haber encontrado una habitación numerada como 324, decorada con terciopelo negro, incluso en las paredes. Encima de ésta se encontraba la habitación 322, el «sanctum sanctorum» del templo. La decoración de ésta era básicamente de terciopelo rojo y en la pared estaba dibujado un pentagrama. En la entrada del templo había retratos de los fundadores de la sociedad en Yale junto a miembros de la sociedad en Alemania, cuando el Capítulo se estableció en ese país el año 1832.

También hallaron restos de cráneos humanos, un libro abierto, instrumentos matemáticos y una corona real.

Los cráneos son uno de sus elementos más controvertidos, puesto que se sospecha que sus miembros intentan apoderarse de los que pertenecieron a personajes ilustres, tal vez para apoderarse de su espíritu o simplemente como muestra de poder. También podría formar parte de los rituales para ascender en la Orden o tener algún otro extraño y oscuro fin.

Algunos estudiosos han declarado que miembros de los *Skulls & Bones* han violado las leyes entrando en algunos cementerios para apoderarse de los cráneos de algunas tumbas. En Estados Unidos se creó una gran polémica al desaparecer el cráneo del líder apache Jerónimo en el año 1986. El cráneo fue devuelto, pero el jefe apache Ned Anderson lo rechazó porque dijo que parecía el cráneo de un niño pequeño. Cuando le pidieron a Anderson que firmara un documento dando su palabra de que la sociedad no tenía en su poder el cráneo de Jerónimo, Anderson se negó. La opinión pública norteamericana siempre sospechó que el cráneo formaba parte de las propiedades de los *Skulls & Bones*. Además, el caso tenía mayores implicaciones al ser la raza apache un pueblo diezmado por los estadounidenses.

El jefe Anderson declaró que al tratarse de una sociedad preocupada por la muerte, con huesos, esqueletos y pinturas que representaban la muerte en un edificio llamado tumba, para ellos robar era un acto que consideraban como dar una ofrenda a los dioses. Por todo ello se rumorea que la sociedad podría estar en posesión de otros cráneos, como el del rebelde mexicano Pancho Villa.

También debemos tener en cuenta que el hecho de darle importancia a la muerte no es algo arbitrario, ya que la sociedad pone énfasis en ella para ilustrar la necesidad de éxito. Es decir, debemos conseguirlo rápidamente porque en cualquier momento podemos morir; y también se refiere a la necesidad de trascender a la muerte logrando la fama y la gloria.

CONCLUSIÓN

Este estudio sobre las sociedades secretas ha intentado reflejar una realidad que lleva años de historia y que sigue siendo pasto de malas interpretaciones o, como mínimo, de mitificaciones.

En este libro no se ha dado una opinión sobre si las sociedades secretas son terribles sectas que lavan el cerebro de sus adeptos o si se trata de organizaciones que luchan en la sombra por conseguir un mundo mejor. Creemos que no hay una respuesta única a la cuestión y que ambas afirmaciones pueden ser ciertas o falsas. Las sociedades secretas, al fin y al cabo, están hechas por las personas que las forman y éstas son libres de tener altos ideales o viles objetivos. Por tanto, cualquier generalización está totalmente fuera de contexto.

En el único caso en el que nos hemos permitido hacer una excepción es en el que las sociedades secretas se han acabado convirtiendo en organizaciones delictivas. Tal vez los principios eran buenos, pero los resultados, sin lugar a dudas, no contribuyen al bien social y por lo tanto se consideran nocivas para la sociedad y para los individuos que las conforman.

Harina de otro costal es la razón por la que han permanecido secretas durante todos estos años. Como se ha apuntado al principio de este libro existen dos razones principales: una es que lleven a cabo una actividad perseguida y otra que crean que el conocimiento que ofrecen sólo puede ser revelado a personas escogidas que harán buen uso de él.

En el primer caso, cuando se trata de una actividad perseguida, no significa que sea una actividad perjudicial o nociva. Los conocimientos médicos druidas, por ejemplo, fueron perseguidos por el cristianismo. La razón es que para esta religión significaban un rebrote de paganismo. Pero ello no quiere decir que ninguna de las enseñanzas que contienen fueran perjudiciales para la sociedad.

Así, encontraríamos innumerables ejemplos. Las leyes que regían a nuestros antepasados nada tienen que ver con el concepto de moralidad que tenemos en la actualidad. Por lo tanto, muchas actividades que ellos llevaban a cabo ahora estarían en el marco de la legalidad. Y viceversa. Muchos de los ideales que sostienen a sociedades actuales hubieran sido perseguidos en otros tiempos. Por ello este baremo no resulta válido para saber si una sociedad es «buena» o «mala».

Por otra parte, este libro ha intentado también adentrarse en el marco de un fenómeno que es inherente al ser humano. Seguramente, desde los primeros asentamientos humanos, se creó ya el concepto de «secreto». Quien conocía esos «secretos» formaba parte de un grupo reducido. Y los que no los sabían, estaban al otro lado.

Este comportamiento lo podemos ver en todas las fases del ser humano. En la infancia, el niño aprende a ocultar ciertas cosas, a veces malas, a veces buenas. Normalmente, en esa época, su reducto es la familia, con la que sí comparte todas sus dudas y todo lo que a los demás oculta porque no se atreve a expresar.

Con el tiempo, la familia deja de ser una prolongación del «yo» y entonces el adolescente o joven aprende también a ocultar cosas que son demasiado personales o que cree que los demás no entenderán. Por tanto, guarda secretos que quizá comparte con un círculo muy íntimo: el mejor amigo/a, el novio/a...

No hay duda que todos guardamos secretos que sólo compartimos con aquellos que nos parecen «de los nuestros». De esta forma, a nivel muy primario, todos formamos pequeñas «sociedades secretas». Nos identificamos con aquellos que creemos dignos de compartir nuestras interioridades y sólo a ellos les damos la llave del conocimiento más personal que nosotros mismos.

Este es el mecanismo primario que luego se puede extrapolar a las sociedades secretas. Estas organizaciones no dejan de ser la expresión de un sentimiento humano arraigado fuertemente en nuestra mente desde que llegamos al mundo.

Sin embargo, estas sociedades institucionalizan esa pulsación. Le dan forma y, en cierta manera, lo que hacen es volver a construir un entramado social en torno al secreto. De esa manera, el secreto deja de ser patrimonio solitario y puede compartirse. Ésa es la clave que hace que los miembros de una sociedad establezcan entre sí fuertes vínculos. Se sienten parte de algo y pertenecer a la sociedad hace que instantáneamente se reconozcan como iguales. Así trazan relaciones profundas basadas en el poder que más vincula a dos personas: compartir un secreto.

Por ello, también es normal que no sean bien vistas la deserciones. Provocan la misma reacción que cuando alguien traiciona un secreto que le hemos explicado. El abandono de la sociedad significa que esa relación era falsa y eso genera una profunda sensación de rabia, tristeza e incomprensión.

El castigo por la deserción, en la mayoría de los casos, suele ser el vacío de los antiguos compañeros, que nunca más volverán a hablar con el que ha decidido salirse del grupo. En otros casos, el castigo puede ser peor. Se le puede boicotear alguna parte de su vida, sobre todo privarle de privilegios que ha conseguido gracias a la acción del grupo. En otras ocasiones, se puede intentar desacreditar socialmente a ese individuo, no sólo como castigo a su abandono, sino como prevención. Si no tiene credibilidad social nada de lo que diga de la sociedad secreta será tenido en cuenta.

Por último está el castigo de pena capital para el desertor. En las asociaciones delictivas es normal que ésta sea la pena, pues como es de suponer, en este tipo de agrupaciones, la vida humana no tiene demasiado valor.

En el resto de sociedades no se sabe si verdaderamente se llega a asesinar a los desertores. En muchos casos puede ser un mito, tal vez creado para disuadir a los seguidores y a lo mejor imaginado por los que no conocen la sociedad y quieren criticarla desde fuera.

También hay hipótesis que aseguran que los desertores son torturados de terribles formas hasta la muerte. No existen pruebas sobre este tipo de prácticas, aunque es cierto que es una historia que persiste a lo largo del tiempo.

Por último, hay un interesante punto que merece ser remarcado antes de concluir este libro. Se trata del forzoso cambio al que han sido sometidas las sociedades secretas.

En plena era de la información, con diarios, radios, televisiones, Internet y todo tipo de medios de comunicación modernizados, resulta difícil que un grupo de personas pueda soslayar a este «gran hermano» mediático y seguir con sus actividades al margen de la luz y los taquígrafos (o el teclado del ordenador).

Por ello, en la actualidad, se está obrando un cambio muy importante en estas sociedades que los antropólogos y otros estudiosos están analizando. Por una parte, muchas importantes sociedades se están abriendo a la era de la comunicación y cuentan, incluso, con página *web* en la que los interesados pueden apuntarse.

Esto, evidentemente, tiene poco que ver con el supuesto carácter secreto de estas sociedades. Muchos piensan que se está popularizando una parte, pero que otra seguirá oculta. Así, de la ingente cantidad de socios que se apuntan siguiendo este procedimiento, se haría una criba, y muy pocos, o tal vez ninguno, llegaría al verdadero núcleo jerárquico de la sociedad secreta.

De todas formas, muchos no creen en que esto sea posible. En el momento en que una sociedad pasa al plano público pierde para siempre su carácter secreto. Por ello, los estudiosos de este tema apuntan que lo más probable es que con el tiempo se creen nuevas sociedades secretas que no tengan nada que ver con sus antecesoras. De momento, en Estados Unidos, y como ya se ha visto en este libro, se están dando casos de sociedades que manejan desde la sombra los hilos del poder.

Todo ello hace imaginar que el panorama y el futuro de las sociedades secretas es como mínimo incierto y seguramente cambiante. De aquí unos años podremos comprobar si estas hipótesis apuntaban en la dirección correcta. También hemos de tener en cuenta que las sociedades secretas están unidas a los movimientos sociales, y no hay duda de que la sociedad está cambiando sus estructuras a pasos agigantados, por lo que es de suponer que estas agrupaciones también lo harán.

No tenemos una bola de cristal y por lo tanto no podemos adivinar lo que ocurrirá. Lo que sí podemos y esperamos haber hecho con este libro es acercar a cualquier lector curioso un misterio ancestral. Así son y así han sido las enigmáticas sociedades secretas.

BIBLIOGRAFÍA

AMBELAIN, R.: *El secreto masónico*, ed. Roca, Barcelona, 1999.

BASTIAN, J. P.: *Protestantes liberales y francmasones en el siglo XIX*, FCE, México, 1990.

CALLE, E.: *Adoradores del diablo: de la biblia a las sectas satánicas*, Oberón, Madrid, 2003.

CASSARD, A.: *Manual de la masonería*, ed. Grijalbo, México, 1981.

DESGRIS, A.: *Misterios y revelaciones templarias*, Belacqua de ediciones, Madrid, 2003.

FERNÁNDEZ URRESTI, M.: *Los templarios y la palabra perdida*. Edaf, Madrid, 2003.

FINDEL, J. G.: *Historia de la masonería*, Ed. Leipzig. Leipzig, 1898.

GUERRA GÓMEZ, M.: *Diccionario enciclopédico de las sectas*. Biblioteca de autores cristianos, Madrid, 1998.

— *Las sectas y su invasión del mundo hispano: una guía*. Eunsa, Ediciones universidad de Navarra, 2003.

LEWIS, B.: *Los asesinos: una secta islámica radical*, ed. Alba. Madrid, 2002.

MACKEY, R. W.: *El simbolismo francmasónico*, ed. Diana, Madrid, 1988.

MATEOS, J. M.: *Historia de la masonería en México desde 1806 hasta 1884*, Archivo Nacional, México, 1884.

Pichon, J. C.: *Historia universal de las sectas y sociedades secretas*, ed. Bruguera, Barcelona, 1976.

Raynaud de la Ferriere, S.: *El libro negro de la francmasonería*, ed. Diana, Madrid, 1984.

Riel, Pierre van: *Las sectas: misterios y peligros de las sociedades secretas*, Art enterprise, Lyon, 2002.

Umbert Santos, L.: *Historia de las sociedades secretas*, Editores mexicanos unidos, México, 1981.

Valentí Camp, S.: *Las sectas y las sociedades secretas a través de la historia*, Editorial del valle de México, México, 1984.

VV. AA.: *Los cátaros: la herejía perfecta*, Suma de letras, Madrid, 2003.

VV. AA.: *La santa mafia, el expediente secreto del Opus Dei*, Edamex, Madrid, 1985.

ÍNDICE